JN188636

令和に守り伝えたい
仁和寺の祈り
総本山仁和寺
第五十一世門跡
瀬川大秀

はじめに

仁和寺は、京都のあまたのお寺の中でも、古からの歴史と伝統を持った特別な寺です。江戸時代までは皇族を門跡として迎えていた門跡寺院として格式の高いお寺であり、それぞれの時代の文化の担い手でもありました。

広大な境内には、国宝や重要文化財に指定された建造物も多く厳粛な雰囲気ながらも、晴れ晴れとした開放的な空間は、多くの人々を守り慈しんできた寛大な空気に溢れています。

二王門をくぐり、広く長く続く参道は「浄心の参道」とも呼ばれています。心を浄めてくれる道ということです。その参道に初めて私が立った幼い頃から数えて、もう七〇年近くが過ぎました。その間に自坊である愛媛県西条市の父の跡（真言宗御室派王至森寺）を引き継ぎ、こちらで修行をさせていただき、多くのことを学ばせていただきました。

仁和寺執行長の時代には、「平成の大修理」と話題になった、観音堂修理事業を統括するお役目を務め、さまざまなご縁をいただきました。

また平成三〇年（二〇一八年）六月、仁和寺総本山第五十一世門跡を拝命し、令和元年（二〇一九年）五月には、無事、観音堂の落慶法要を務めることもできました。

思えば、執行長として観音堂修理事業に立ち会えたのも、第五十一世門跡を拝命したのも、すべては〝ご縁の賜物〟です。さらに言うならば、私が王至森寺の長男として生まれたというのもご縁。無数のさまざまなご縁をいただき、ご縁に結ばれ、私は今ここにおります。


仁和寺は、宇多（うだ）天皇が建立され、その後も長く天皇をはじめ皇族の方々が門跡を務められるなど、天皇家と深い結びつきを持っているお寺ですが、皆様もご存じの通り、本年、天皇陛下が即位され、元号も「平成」から「令和」へと改まりました。そういう時代に、私が仁和寺の門跡を拝命したのも、また、そんな記念すべき年にこのような本を出版させていただくことができたのも、すべてが時機というご縁です。

さらに栄誉なことに、令和二年（二〇二〇年）一月七日、令和になって初めての後七日御修法（ごしちにちみしほ）では、大阿闍梨（だいあじゃり）を務めることが決まっております。私は常日頃から、弘法大師が厳修（ごんしゅ）された自然への感謝と人々の幸せを祈られた御修法が連綿と継承されていることに感銘しております。自らがこの大役を担う法縁を真摯に受け止め、謙虚に修法をさせていただくことを肝に銘じつつ、今上天皇の御世が平和で、国民が健やかでいられることを、お祈りしたいと思っています。

この本は、仁和寺のことを、そして仏教のことを、皆様にもっと知ってもらいたいという思い

「観音堂落慶法要　開白法要」に臨む著者・第五十一世門跡

で書き上げました。仁和寺にある国宝、重要文化財、庭園などを私の視点からご紹介し、また私なりの仏教の解釈を、できるだけ平易な文章で書くように心がけました。そういう意味ではこの本は、「仁和寺と仏教のガイドブック」と言えるかもしれません。

七〇年近く慣れ親しみ、祈りを捧げ、そして愛してきた仁和寺。

私の人生は常に、仁和寺と共にありました。今の私のお役目は、仁和寺と、そして仏様の教えについて、もっと広く、もっとたくさんの人に知っていただいて興味を持っていただくこと。それに尽きます。

この本を手に取って、少しでも仁和寺に少しでも興味を持っていただけましたなら、ぜひ今度、仁和寺を訪れてみてください。そして、「これが門跡が書いていた仁和寺の観音堂か」などと思っていただけたなら、もうそれだけで私はお役目を半ば以上果たしたことになります。

二王門をくぐって、広く長く続く参道の砂利を踏むと、そこから仁和寺一一三〇年の歴史への「旅」が始まります。

ようこそ、仁和寺へ。ようこそ、一一三〇年の歴史と仏教文化の世界へ――。

令和元年一二月

総本山仁和寺第五十一世門跡　瀬川大秀

目次

第二章　観音堂の大修理

第三章　仁和寺の四季と庭園の美

第四章　仁和寺の至宝

第一章
仁和寺の始まり　金堂

令和から仁和へ

二〇一九年、天皇陛下が即位され、元号も「平成」から「令和」に変わりました。

「仁和寺」という寺名に使われているからか、私はもともとこの「和」という字が好きでしたが、元号が「令和」と発表された時、私は、「やはり……」という気持ちになりました。「和」が自分のお気に入りの字であるからとか、「和」という字が入ることを予想していたから、ということではなく、争いごとや悲しい事件が多く起きている今は、人々が仲良く調和して平和に幸せに暮らすことを願う「和の心」が求められている時代で、それに応えるかのような「新元号・令和」だったので、それで、「やはり『和』だったか」と思ったわけです。

中国の儒教などによれば、「和」という字には、「人々が互いに仲良くする」という意味が込められていますが、仲良くするためには、相手を思いやる、相手に対して配慮する、という姿勢が必要になります。この法則は、人間同士だけでなく、国同士でも同様です。互いに相手を思いやり、互いに配慮し合わなければ、そこに平和も調和も訪れません。

仁和寺を守ってくださっている方々とご一緒した酒席で、やや酒に酔われたある方が、私にこう尋ねてこられました。

「もし門跡さまが仮に世界の独裁者のような立場になって、全世界に向けて、何か一つ、『このルールで行くべし』と決められるとしたら、どのようなことを決めますか？」

禅問答を吹っかけるかのようなその方の問いかけに一瞬面食らいながらも、私はこう答えました。

「そうですね……私なら全世界の人々が、一日に何回も『ありがとう』と言い合うことに決めて、そんな社会を作ってみたいものですね」

家族や友人、職場の同僚といった知った者だけでなく、たとえば電車で隣り合わせた人やコンビニで出会った客といった、全く見知らぬ人同士でも、何かといっては、日々、「ありがとう」を言い合う社会。「ありがとう」という言葉が溢れ返るような社会にしてみたい——。それが私の答えでした。

今、人類の文明は発達し、人々がロケットで宇宙旅行できるような時代がすぐそこまでやって来ていますが、人間の幸せというのは、何万光年も先の星ではなく、人間が立っているすぐ足元、日常生活の中にあると私は思っています。

つまりそれは、「人々が接し合う人間関係こそが幸せの原点」ということです。そこは、人類の歴史が始まって以来、変わっていないでしょう。親や家族や親しい人が死ねば「悲しい」と感じるように、自分が優しくされた時に、「ありがとう」という感謝の心が芽生えるのは、人間と

「月並御影供（つきなみみえく）」を終えて二王門に向かう導師の門跡と僧侶の列

してごく自然なことです。

そういった自然であったはずのことが、だんだんと自然でなくなって、優しさに対する感謝の気持ちを素直に伝えられなくなっているのが今という時代なのではないか。私はそう思っています。だからこそ、「ありがとう」という言葉を、そこかしこに、全国に、全世界に、浸透させたいのです。そうなった時、そこには、調和のとれた平和な世界が浮かび上がることでしょう。

「令和」という元号を、美と平和ということから、「ビューティフル＆ピース」と呼んだ方がいた、という記事をある新聞で読んだことがあります。美しさも大切ですが、〝美〟を感じるためには、〝和〟が不可欠です。令和という元号に込めた真の希望とは「和」という文字にこそあるのでは、と私は考えています。

令和という時代が、「ありがとう」という感謝の気持ちが果てしなくつながり続ける、そんな平和な社会でありますように——。

堂々たる仁和寺の玄関、重文「二王門」

二王門

京福電鉄、通称・嵐電の御室仁和寺駅を降り立つと、正面に、仁和寺の二王門が目に入ります。仁和寺を訪れた人が最初に目にするのが、この二王門です。

仁和寺の二王門は、徳川幕府によって、寛永一八年（一六四一年）〜正保二年（一六四五年）頃に建立されました。平安時代の伝統を引き継ぐ重厚な造りで、落ち着いた雰囲気を感じさせる佇まいです。南禅寺三門、知恩院三門とともに〝京都三大門〟のひとつであり、重要文化財にも指定されています。門の左右に金剛力士像を配置していることから、「二王門」の名が付けられました。

二王門は、仁和寺の表玄関、正門であると同時に、ここを訪れた人たちを出迎えてくれる〝歓迎の門〟でもあります。ちょっと怖そうな二体の金剛力士像ですが、目を閉じて、耳を澄ませると、「あなたの参拝をお待ちしていましたよ」と言ってくれています。二〇代の頃、修行のため、私が初めて仁和寺を訪れた時には、金剛力士像から、そんな声が発せられた気がしたものです。

あの日から五十有余年。私は、仁和寺の僧侶として日々の勤行（ごんぎょう）をしながら、毎日、金剛力士像から発せられる〝声〞を聞こうとしてきました。それは、ある時には「さあ、ここでお前の苦しみや悲しみを吐き出しなさい」というものであり、またある時には、「瞑目してただひたすら参道を歩きなさい」というものでありました。そうして金剛力士像の〝声〞に素直に従うと、その都度、心が楽になったものです。

二体の金剛力士像の両手は、いずれも左右や上下に開かれています。それは、人々の参拝を歓迎してくれている仕草であり、また、「あなたの思うところをここですべて投げ出しなさい」と私たちの心を広い心で迎え入れてくれる優しさでもあります。それがすなわち、〝御仏の心〞なのでしょう。

ある高名な作家の方が仁和寺を訪ねて来られ、私がご案内をさせていただいたことがありました。すべてを見終わった後、その作家の方はこうおっしゃいました。「御門跡さま。仁和寺というのは、〝小宇宙〞なんですね」。仁和寺の歴史が持つイメージの広がりを〝小宇宙〞と称されたのでしょう。私は、なんと奥深い素敵な表現かと感心いたしましたが、仁和寺がもし小宇宙であるならば、金剛力士像は、仁和寺という一一三〇年の歴史の小宇宙への〝水先案内人〞とも言えるかもしれません。

仁和寺を訪れた時には、どうぞ、まず二王門の金剛力士像をご覧ください。その開いた手が何を表しているのか。その開かれた口がどんな言葉を言おうとしているのか――。そんな思いを胸に抱きながら、仁和寺の中をごゆっくりご鑑賞ください。ようこそ、仁和寺へ。

国宝「金堂」。御所の紫宸殿を移築した建築ならではの優美さを誇る

金堂

金堂に関するお話の前に、仁和寺の歴史について、少しご説明させていただきます。

仁和二年（八八六年）、時の光孝天皇が、国家安泰を願って寺の建立を計画しますが、翌年、光孝天皇は道半ばで崩御されます。するとその嫡子でいらした宇多天皇が、父親の遺志を継いで、仁和四年（八八八年）に、寺院を完成させます。寺は、当時の元号の仁和から「仁和寺」と命名されました。

宇多天皇は、寛平九年（八九七年）、皇子である醍醐天皇に譲位され、その二年後、出家して法皇となり仁和寺に入ります。その後、延喜四年（九〇四年）には、法皇の僧坊である「御室」が作られました。仁和寺が「御室御所」とも呼ばれるのは、これに由来しています。

やがて宇多法皇（寛平法皇）は、仁和寺の初代門跡に就任します。門跡とは、天皇の子供や孫などが務める住職のことを指し、仁和寺では、慶応三年（一八六七年）に純仁法親王が還俗するまで、一〇〇〇年近くの間、三〇代にわたって、天皇家から門跡をお迎えしていました。

仁和寺建立から五七九年後の応仁元年(一四六七年)、当時としては国内最大規模の内乱であった応仁の乱が発生します。その主な戦場となった京都全域は壊滅的な被害を受け、西軍の本陣が置かれていた仁和寺も、応仁二年に御室を含むほぼすべての伽藍が焼失してしまいますが、江戸時代の寛永一一年(一六三四年)、三代将軍・徳川家光に、仁和寺の再興が許され、幕府からは二〇万両余り、現在の価値にして一二〇億円もの援助のおかげもあって、仁和寺の再建が始まります。

その時、京都御所にあった紫宸殿が仁和寺に下賜されます。紫宸殿とは、天皇の即位の儀式などの公事を執り行うための正殿であり、慶長一八年(一六一三年)に建てられたものでしたが、仁和寺に移築後、改修されて、「金堂」となりました。

この金堂には、仁和寺の本尊である「阿弥陀三尊」をはじめ、いくつもの仏様が安置されています。三尊とは、「観音菩薩立像」「阿弥陀如来坐像」「勢至菩薩立像」のことで、それぞれ、災いなく長生きするよう願う(観音菩薩)、皆を救うために見守る(阿弥陀如来)、皆が平和に過ごせるよう願う(勢至菩薩)、といった役割を担われていらっしゃいます。

金堂には、阿弥陀三尊以外にも、龍燈鬼(仏の教えを守る)、帝釈天(世の平和を願う)、仏眼仏母(無事に長生きするよう願う)、広目天(西の方角を守る)、増長天(南の方角を守る)、持国天(東の方角を守る)、多聞天(北の方角を守る)、梵天(世の中の平和を願う)、天燈鬼(仏の教えを守る)なども安置されています。

金堂は、現存する紫宸殿の遺構としては最古の建造物で、昭和二八年(一九五三年)に、国宝に

金堂の本尊である「阿弥陀如来及び両脇侍像」
（中央・阿弥陀如来坐像、向かって左・観音菩薩立像、向かって右・勢至菩薩立像）

指定されています。二王門をくぐって参道を一〇分ほど歩いた、仁和寺の最奥部にある、仁和寺の本堂である金堂。なぜそんな奥まった場所に建てられたかといえば、金堂が〝祈りの場〟であったからです。

仁和寺の金堂は、正面から建物の外観を見ただけで、一般の仏堂とはかなり異なった趣きがあるのがおわかりいただけるかと思います。それはもともと金堂が、京都御所から下賜された紫宸殿を移築したものだからです。

紫宸殿とは、前述したように、京都御所において、重要な公事を執り行う場所でした。いわば、〝王宮の神聖な儀式の場〟だったわけですから、その造りにおいても、宮殿建築の特徴が見受けられます。

金堂を正面から見ると、日差し避けのための、蔀戸（しとみど）という格子を組み込んだ建具が目に入ります。そこから少し引いて天井付近を見上げると、舟肘木（ふなひじき）と呼ばれる、屋根を支える横木が組まれています。これらは、実際に御所で使われていた、中世の皇族が住まわれる建物を象徴する建築様式です。

蔀戸の格子の白と黒は絶妙なバランスを作り出し、それらを支える金色の金具が煌（きら）びやかな雅（みやび）さを醸し出します。また蔀戸と柱には黒漆（くろうるし）が塗られ、それが白壁の白と美しいコントラストを織りなしています。つまり金堂とは、随所に御所＝天皇家の建築様式が施されており、そこが普通の仏堂と一線を画す厳かさを生み出しているのです。

仁和寺に移築された紫宸殿は、宇多法皇が崩御されてから七〇〇年近くが経過した慶長一八年

（一六一三年）に造営されたもので、宇多法皇がそこで儀式を行うことはありませんでしたが、紫宸殿が仁和寺に移築されて改修される際には、「あまねく宇多法皇の時代のように改修せよ」といった指示があったであろうことは、これらの建築様式を見ても疑いのないところです。当時も、仁和寺創建者であられた宇多法皇への尊崇の精神がそれほど強かった、ということを表しているのでしょう。

仁和寺には、宇多法皇像が残されています。絵になったそのお顔立ちからは、宇多法皇のお優しそうなお人柄が偲ばれます。もとは父・光孝天皇の悲願であった寺の創建を、父の死後、その遺志を受け継ぐ形で実現させた――。そんな父親への尊敬心や愛情が、そんな優しさとなって表れているのかもしれません。ちなみに仁和寺のご本尊である国宝の阿弥陀如来坐像は、仁和寺の霊宝館に安置されていますが、それは、宇多法皇が父親である光孝天皇のお顔に似せて作られた、との言い伝えがあります。

金堂の中に入り、上を見上げると、そこには天井板がありません（舟底天井、もしくは化粧屋根裏天井と言います）。そのおかげで、金堂の中でお経を唱えると、その声が良く響き渡ります。私が執行長だった頃、毎朝そこでお経を上げてはお勤めを果たしていましたが、中空から返ってくる自分の読経の声に、さらにその祈りを深められたものでした。

かつて天皇が天下国家を論じた政（まつりごと）の場が、今は僧侶が読経を捧げる祈りの場となりました。そこに漂うのは、煌びやかさと雅と、そして厳かさ――。そんなどこにもない空気を作り出す金堂は、私たち仁和寺にとって、心から誇りに思える本堂なのです。

重文「宝珠羯磨文錦横被」

（写真右）横被とは、袈裟（けさ）を着用する際に右肩から左脇を覆う衣のことである。この横被は濃紺を地色とし、蓮台の上に三面の宝珠と背に炎を図案化した火焔宝珠（かえんほうじゅ）の絵を軸に、その周囲に法具である羯磨（かつま）を配している。また第二世性信親王所用という伝承がある。この文様は後に歴代門跡が用いる横被のデザインとなった。

「宇多法皇像」

（写真左）宇多法皇は第五十九代天皇。出家後は寛平法皇となる。仁和四年八月に父帝・光孝天皇が造営に着手していた御願寺（後の仁和寺）を完成。寛平九年に譲位、昌泰二年に法皇および仁和寺第一世となる。後に開山法皇、寛平法皇とも呼ばれた。この絵は唐草文の衣に火焔宝珠文の横被を着け、右手に剣、左手には念珠を執る安が描かれている。

五大明王

金堂がもともと御所の紫宸殿だったものを仁和寺に移築して金堂になったことはすでにお話ししました。移築後、その金堂の裏堂（裏側の壁）に描かれたのが、「五大明王壁画」です。当時の高名な仏絵師、木村徳応が手がけたものと言われています。

明王はそれぞれ、金剛薬叉明王、降三世明王、不動明王、軍荼利明王、大威徳明王と言い、守護神のような役目を果たしておられます。五大明王はいずれも密教の象徴的な存在ですから、「仁和寺は密教の寺である」ということを強調するために描かれたのでしょう。

五大明王壁画は、それが描かれて以来、三七二年もの間、非公開となっていましたが、平成三〇年（二〇一八年）、私が第五十一世門跡に就任した折に、初めて一般の方々に公開させていただきました。

「五大明王」の壁画を見に来られる方の数を、当初私たちは五〇〇〇人程度と予想していたのですが、実際にはその一〇倍以上、七万人もの方々が五大明王壁画を拝観されました。この人気と来場者数には、私たちも大いに驚かされました。

では五大明王壁画の〝人気の理由〟とはどこにあったのでしょうか。

一つには、「壁画の色彩の鮮やかさ」にあるかと思います。明王が背にした紅蓮（ぐれん）の火炎の朱色、明王の体の群青色、頭髪の巻き毛の茶色……。そういった壁画の色彩が、三〇〇年以上経っても、描かれた時とほぼ変わらないほど鮮やかな状態で残っているのです。それほどの時が経ったことを忘れさせてくれそうなほどの躍動感！　何度見ても新鮮な感動を覚えます。この色彩を保てた理由は、長年、壁画を非公開としていたため、太陽光などの光が射し込まず、光による色褪せが少なくて済んだからのようです。

けれど私は個人的に、五大明王の人気の理由として、また別なものを想像しています。それは、「五大明王たちの目が、慈悲や慈愛に満ちたものだったから」ということです。

明王たちの体からは、手足が何本も伸び、その手には剣を持ち、体には蛇が巻き付き、髑髏（どくろ）なども飾られ、明王はどれも、非常に恐ろしく描かれています。これは、憤怒を表すことで、戦乱や自然災害などの災いを追い払おうとしているのですが、しかし明王の顔をよく見てみると、どの明王も、非常に優しい目をしていることがわかります。憤怒の向こうに慈悲があることが、人々が五大明王に惹かれる真の理由なのではないか――。私はそんなことを考えています。

「不動明王（ふどうみょうおう）」。金堂の裏堂に描かれた「五大明王」の中心となる明王

もともと金堂は、僧侶が一心に祈りの修行をするための場でしたから、移築された場所も、より静けさを求めて、仁和寺の最も奥になりました。五大明王は、その奥まったところにある金堂の、さらに裏堂という目立たぬ場所に描かれています。そんな慎ましやかで控えめな場所でありながら、五大明王壁画は、いつ見ても、何度見ても、凜として毅然としています。そんな明王の立ち姿に、私は感慨深いものが込み上げてくるのを禁じ得ません。

五大明王壁画は、その鮮やかな色彩を鮮やかなまま未来へ残すために、通常は公開できないのが残念です。実際に対面できればとても素晴らしいのですが、そうでなくても写真などでご覧になる機会がありましたなら、ぜひ明王たちの〝目〟に注目されてみてください。明王たちの怒りの表情の中にある、優しさや慈しみに満ちた目は、ご覧になった方を安らかな気持ちにしてくれるであろうと信じております。

五大明王とは

五大明王をお堂の中に配置することは国家の安泰を願い修法される、護国三部経（『法華経』『仁王経』『金光明経』）の中の『仁王経』に由来する。五大明王はそれぞれ金剛界の五仏が仏法に従わない者を懲らしめるために忿怒（ふんぬ）の明王に変化した姿であると言われている。江戸時代の仏絵師であり、観音堂や五重塔などの障壁画を手がけた木村徳応によって描かれた。

不動明王

(P34 〜 35) 五大明王の中心となる明王。「お不動さん」の名で親しまれ、大日大聖不動明王、無動明王、不動尊などとも呼ばれている。真言宗をはじめ天台宗、禅宗、日蓮宗など諸派で幅広く信仰されている。髪は巻毛で手には剣と縄を持つ。また両目を開け、上下の牙を見せているのが特徴。

金剛薬叉明王

(P38 上) この明王は馬がいななくような鬣（たてがみ）と牙が印象的であるが、経典にはこの牙で一切の無明や悪、煩悩を嚙み砕き、呑み込んでしまうことから薬叉の名が付けられた。三つの顔と六本の手、右足を高く上げた姿である。また正面の顔には五つ、両脇の顔には三つの目を、左手には金剛杵や金剛鈴など、さまざまな法具を持つ。

降三世明王

(P38 下) 降三世の三世は過去・現在・未来の三世を示し、この三世の煩悩を降すことが名前の由来。また大日如来が須弥山（しゅみせん）山頂で経を説こうとした時、大自在天たちが従わなかったため、大日如来が降三世明王に変化し屈服させた。よって降三世明王の右足は恭順した大自在天、右足には妻の烏摩（うま）妃が描かれる。三つの顔に各三つの目、手が八本あるのが特徴。

軍荼利明王

(P39 上) 軍荼利の名前の由来は、軍持という甘露の智水を入れる器を意味する水瓶のことを指す。経典に、悟りを妨げる魔・毘那夜迦（びなやか）などの障碍を取り除くと説かれているため、災いを取り除く明王とも。指を伸ばして腕の前で交差し、手足には蛇を巻きつけた個性的な明王である。

大威徳明王

(P39 下) 六つの顔と足、手を持つ明王であり、別名六足明王とも呼ばれる。善人に悪意を抱く者や危害を加えようとする者を懲らしめ、悪人の呪詛を破り、悪夢を消滅させ悪病を除く明王である。水牛に乗る姿が一般的であるが、本図では乗らない姿で描かれている。

「金剛薬叉明王（こんごうやくしゃみょうおう）」

「降三世明王（ごうざんぜみょうおう）」

「軍荼利明王（ぐんだりみょうおう）」

「大威徳明王（だいいとくみょうおう）」

第二章
観音堂の大修理

観音堂の本尊「千手観音菩薩立像及び両脇侍像　眷属二十八部衆像」
（中央・千手観音菩薩立像、手前の向かって左・風神像、向かって右・雷神像）

観音堂とは

二王門をくぐってしばらく参道を歩き、中門を抜けた左手に、名勝・御室桜が群生しています。その御室桜に沿って敷かれた石畳の道を行くと、やがて眼前に、観音堂が現れます。私たち仁和寺が世界に誇る、特別な建物です。

『本寺堂院記』という資料によれば、この観音堂は、仁和寺が開山した四〇年後の延長六年（九二八年）に、仁和寺の開祖であり、第一世門跡であられる宇多天皇の第八皇子・式部卿敦実親王によって創建されましたが、観音堂の創建については、次のような伝説も遺されています。

〈観音堂は、式部卿敦実親王による創建とされているが、それより前、宇多天皇の第三皇子である真寂法親王の枕元に、ある晩、弘法大師様が立たれ、「観音様を祀るお堂を建てて欲しい」と懇願された。それが観音堂創建の濫觴（らんしょう）（起源の意）である〉

いずれにしても観音堂は、宇多天皇をはじめとした、仁和寺を開かれた皇族の方々の、弘法大師空海様に対する尊崇の念から創建されたものであることに疑う余地はありません。

観音様をお守りする警護役として、「降三世明王」と「不動明王」が配されています。降三世明王も不動明王も、一般大衆を表す衆生の中でも教え導くのが難しい相手に対し、忿怒尊と呼ばれる怒りの姿や表情で折伏する「教令輪身」という種類の明王です。千手観音の優しげで包容力のある表情と、その両脇に立つ二体の明王の恐ろしい表情――。この〝柔〟と〝剛〟との絶妙なバランスというところにも、私には、調和を重視する仏教の教えがよく表れているように感じられます。

その後、前述のように、応仁の乱によって観音堂は焼失してしまいますが、江戸時代の寛永年間、将軍・徳川家光からの許諾を得て、復興されることになります。その時代には、仁和寺のみならず、応仁の乱でお堂を焼失させられたいくつもの寺がお堂を再建していますが、その多くが、平安時代の王朝文化に則った伝統的な純和様にしていました。それに対し仁和寺の観音堂では、基本は純和様でありながら、随所に密教文化の要素を取り入れた〝禅宗様〟を加味しているところが特徴的であり、それが仁和寺の観音堂に、独特な魅力を醸し出しています。

たとえば、本尊・千手観音と、その両脇を固める降三世明王と不動明王ですが、この三者の形というのは、観音堂が「伝法灌頂」という儀式に用いられていたことに由来しています。伝法灌頂というのは、もともとはインド古来の王の即位の儀式のことで、そこでは、即位する王の頂＝頭に四大海の水を注ぐことで、それによって世界統治の権威づけをしたと言われています。

密教でもこういった作法を採用しています。修行を重ねた優れた行者が、密教の教えを受け伝えられる（相承）地位である阿闍梨の位を得るための儀式のことも伝法灌頂と呼びますが、そこでは、智を象徴する浄めた水＝香水（こうずい）を行者の頭上に注ぎ、それで晴れて阿闍梨となります。そういった僧侶となるための儀式の場に、観音様と、その両脇に降三世明王と不動明王が配されていたのです。

行者の頭に水を注ぐ儀式も、そしてそれが執り行われた観音堂に千手観音と降三世明王と不動明王が配置されていたという事実も、当時の仁和寺が、いかに熱心に密教文化を取り入れようとしていたかということの証明にもなるでしょう。

江戸時代、寛永年間の再興から三七三年が過ぎた令和元年（二〇一九年）、観音堂の大修理工事が完了し、観音堂はかつての美しさを取り戻しましたが、その工事にかかる直前まで、観音堂では伝法灌頂が行われており、また、「四度加行（しどけぎょう）」と呼ばれる修行の場としても使われていました。四度加行とは、密教で伝法灌頂を受ける前に行う、準備段階の四つの修法のことです。つまり、阿闍梨を目指すような高僧も、まだ駆け出しの僧侶も、共に同じ修行僧として、この観音堂で修行をし、祈りを捧げてきたのです。

観音堂は、そうした修行僧たちを何百年もの間、錬成し、見守り続けてきてくれました。仁和寺の中でも、観音堂が特別な意味を持ったお堂とされるのは、そういった歴史的背景があるからなのです。

三七三年ぶりに修復された重文「観音堂」正面

古式に倣った見事な建築美。和様を主に、各所に禅宗様を加味しているのが特徴
（桁行五間。梁間五間、一重、入母屋造り、向拝一間）

観音堂の復興と修理

戦争・戦乱は、あらゆるものを滅ぼします。ここ仁和寺も、応仁の乱により応仁二年(一四六八年)、すべての伽藍(がらん)が焼失してしまいました。

その一六八年後、仁和寺二十一世門跡・覚深(かくじん)法親王自らが二条城に赴き、三代将軍・徳川家光に仁和寺復興を願い出て、そして寛永一八年(一六四一年)、徳川幕府から、仁和寺復興計画の命が下りることになりました。その復興計画の実行役を命じられたのは、顕證(けんしょう)という僧侶でした。

顕証は、観音堂=伽藍を再建するにあたり、まず最初に、日本全国の主だった寺院を視察・調査する旅に出ました。再建建立する伽藍はどのような建造物を目指すべきなのか。御室御所としての歴史を守りつつ、同時に、真言密教の修行のための道場として機能させるにはどういった厳粛さが必要なのか――。そういったことを調べるための〝調査の旅〟でした。その甲斐あって、正保三年(一六四六年)、平安時代の王朝文化と密教伽藍とが見事に融合した、仁和寺独特の優雅でかつ荘厳な伽藍が完成いたしました。

それから三六六年が過ぎた平成二四年（二〇一二年）、観音堂の修理計画が始まります。私が前職の執行長に就任したのが二〇一〇年ですから、私が執行長に在籍した八年間というのは、丸々、観音堂修復工事のための期間でもあったわけです。

観音堂修復計画が現実のものとして動き始めた時、私は、顕證の御心に気持ちを馳せてみました。全国の寺院を見て回って、顕証はどのような境地に至ったのか。何度もそんな思考と想像を巡らせた結果、私が辿り着いたのは、「人々のあらゆる叡智と匠の技を結集しなければ、観音堂など造れるものではない」といった、きわめてシンプルな答えでした。

技術者の匠の技ばかりでなく、仁和会をはじめ御室派宗団あげての皆々様からのご支援がなければ観音堂修復事業は成し得ません。言い換えれば観音堂という建造物は、この事業計画に携わり、またご支援ご協力いただいた方々全員の〝魂の証〟なのです。

二〇一九年、令和元年という喜ばしい年の五月、観音堂の落慶法要が執り行われました。裏千家家元・千宗室様より、本尊・千手千眼観世音菩薩様への献茶から始まった法要には、仁和会名誉総裁であられます高円宮妃久子殿下のお成りをいただき、またご祝辞も賜わるなど、境内に読経が響き渡る中、盛大かつ厳粛に執行されました。

仁和寺の一〇〇〇年、三七三年ぶりの修理――。そんな歴史の前では、人の命などほんの小さなものでしかありません。しかし観音堂には、そんな無数の人々の祈りや魂が込められているのです。私もこの小さな命のある限り、観音堂に祈りを捧げ続けようと思っています。

観音堂の落慶法要

観音堂修理を祝して太鼓で奉納

門跡導師のもと、読経する僧侶たち

観音堂落慶法要にて門跡が修法する大壇の料理（しつらえ）

縁が熟す時

縁が熟す——。

これは仏教の中の言葉です。ここで言う「縁」とは、仏の御心に触れること。すなわち、「縁が熟す」というのは、「仏の導く場所に辿り着く」ということです。

私が、仁和寺執行長、真言宗御室派宗務総長を拝命したのは、平成二二年（二〇一〇年）。そしてその二年後の平成二四年（二〇一二年）から、観音堂の三六七年ぶりの修理計画が始まります。

観音堂の修理計画については、仁和寺内部で、もう何十年も前から、「そろそろ修理しなければ……」という声が上がっていましたが、それが現実のこととして進みだしたのが、平成二五年。この数十年の期間というのは、観音堂修理計画の「縁が熟す」ために必要な時間だった、とも言えるでしょう。言い換えれば、「そのように計画せよ」と観音様が導いてくださったのです。

その計画の緒に就いた時、当時、執行長の任にあった私の正直な心境としては、「三七〇年間近く、誰もやっていなかったことが果たしてできるのだろうか？」という不安感でした。しかし同時に、それを打ち消すような大きな流れや機運、そういった目に見えないような安心感に後押しをしてもらったという感覚もありました。

その後押しの最大の力となったのが、仁和寺を守り、支えてくださる「仁和会」でした。計画が始まった時、まず私が伺ったのは、仁和会会長であられる千玄室大宗匠でした。私が、仁和寺の観音堂修理計画についてお伝えすると千大宗匠は、言葉控えめに、こうおっしゃいました。

「話はわかりました。ですが勘違いせんといてくださいね。これは仁和寺がこう決めました、仁和会会長の私に話したから決まり、というような易しいお話ではないのですよ。執行長御自身が、全国の仁和会の支所を行脚して説得する……共に作りあげていきたいということを行く先々で伝え、頭を下げてお願いして回るというのが、この修理計画の始まりなのですよ……」

仁和会は、檀家を持たない仁和寺を守ってくださる、寺の護持会的な組織で、高円宮妃殿下が名誉総裁に就いてくださってもいます。そこでは、陰に陽に、常に仁和寺を支えていただいています。だからといってそれに甘えた仁和寺が、「観音堂修理費用の分担金はこのように決まったからよろしく」というような姿勢で構えては、人心は離れていってしまいますよ――。会長の言葉からは、暗黙裡にそのような思いが読み取れました。

「行脚」という言葉を辞書で引くと、「僧侶が自分一人で歩いて修行すること」という意味があります。会長は、「行脚してお願いして回りなさい」という言葉を通して、「人任せではなく自分自身が全国行脚をする。それも修行のひとつ」と説いてくださっていたのです。それに従って、私は、主だった全国の仁和会の会員にお願いして回る〝お願い行脚の旅〟へと発ちました。

そうしてお伺いした先では、「仁和寺の執行長自らが来てくれて……」とこちらが恐縮するようなもったいないお言葉やおもてなしをいただきました。

そして最終的には、観音堂修復に際し、十分すぎるご寄付をいただき、ありがたいことこの上なく、感謝は尽きません。観音堂はもともと、僧侶の修行の場として作られた建造物でしたが、その修復工事をする資金集めの段階でも、私は良い修行をさせていただいたのです。

縁が熟す――。

時折り、私は三七三年ぶりに修理がなされた観音堂を見上げながら、それまで何度も唱えて来たこの言葉をつぶやきます。仏様や観音様に導かれた道を通り、さまざまな〝縁〟がつながってできた我が国の〝宝物〟です。

法衣

私たち僧侶の服装は、大まかに言って二種類あり、一つは「衣」と呼ばれるもの。これはいわば僧侶の普段着のようなもので、数枚の衣を、毎日着ては毎日洗濯する、そういう着方をします。もうひとつは「納衣」と呼ばれる衣装で、これは特別な行事や儀式が行われる際に着る、いわば僧侶にとっての〝正装着〟です。

三七三年ぶりの修理となった、仁和寺・観音堂の修復落慶法要が、令和元年五月一五日から二一日までの七日間、執り行われましたが、その際に私が着ていたものが「法衣の納衣」です。黒と白の生地しか使わない衣と異なり、納衣では、荘厳な儀式に相応しい、鮮やかな色や美しいデザインの生地が何種類も使われています。

もともとこの法衣というのは、僧侶が托鉢して回った時に、信者の方や近隣の方々からいただいた生地の切れ端を、いわば、パッチワークのようにつなぎ合わせて縫って作ったものでした。

なぜ〝切れ端〟なのかと言えば、

「無理をして高価な寄進をしていただいても、それがその家の負担になってしまうようでは困るので、その家の押し入れにしまってあるような使っていない布の切れ端でもいただければありがたく、そのお気持ちだけでも十分です」

というような思いから、端切れ布をいただいて回るようになりました。

私はそこに、お布施をしてくださる方と、そのお布施をありがたく受け取る僧侶との、〝魂の結びつき〟があるように思います。

「小さな切れ端ですが、この布をどうぞ」

「ありがとうございます。大事に使わせていただきます」

布の端切れには、そういった気持ちのやり取りが表れていて、それをいただく時、そこには〝祈り〟があります。

そのようにして、各家を托鉢して回っていただいた端切れですから、それを決して無駄にすることなく使うため、布の端をつなぎ合わせて縫い、僧侶の特別な衣装に仕立てたのです。

大勢の皆様が集まる儀式の席で、そういった法衣を身にまとえば、

「うちが寄進した布切れがあのように使われている」

「あの生地が自分の代わりにお勤めをしてくれているんだな」

と思ってもらえるようになります。それが、法衣の起源です。

時が経つにつれ、そういった〝端切れ布による寄進〟の風習は少なくなりましたが、パッチワークのように「布をつなぎ合わせて作る」という法衣の作り方の形式は残りました。

そして現在の信者の皆様から寄進していただいた貴重なお金で作らせていただいたという意味では、この法衣に込められた気持ちのやり取りは変わっていません。

私は、この「法衣」に袖を通す時はいつも、しゃきっと改まった特別な気持ちになります。

「この法衣には、たくさんの皆様からの〝祈り〟が込められている」と思う心が、私をより真摯な気持ちにさせるのです。

　私が、観音堂の落慶法要で着させていただいた法衣の納衣は、西陣の着物職人さんが腕によりをかけて作ってくださいました。檜皮（ひわだ）色、香色（こういろ）など、さまざまな色の糸が織り込まれた錦は、本当に美しいものです。法要の折りに「あれは見事だった」と褒めてくださる方も大勢いらっしゃいました。

　この法衣には、華やかな見た目の美しさはもちろん、「人を幸せに」「世を平安に」といった多くの人々の〝祈りの美しさ〟も込められているということも、併せて感じていただけたらと願っています。

須弥壇（しゅみだん）正面壁に描かれた「補陀洛浄土図　三十三応現身像」

観音堂障壁画

観音堂の内部には、色鮮やかな障壁画が残されています。連続的な絵柄で、本尊とも調和し、壮大な仏教世界観を表しています。これらは一六四〇年代に描かれたとは思えないほど美しい色彩を保たれています。それは修行の場として、歴代の修行僧たちに大切にされてきたからこそでしょう。壮大な世界観を連続的な絵柄で、本尊とともにひとつの仏教世界観を表しています。

これらの絵は、仏絵師であった木村徳応が中心となり描かれました。徳応は観音堂以外にも、金堂、五重塔、経蔵など仁和寺再建時に建立された建物のすべての壁画を手がけています。

観音堂内部の須弥壇、その正面には白衣観音と、観音菩薩が住まう場所である補陀洛山、そして観音菩薩が三三の相手に応じてさまざまな姿に変化するという、三十三応現身が描かれています。その須弥壇の背面には上段に六観音、下段に六道（りくどう）図を描きます。

背面下段の六道とは、仏教において人々が業の結果として進む道で、地獄・餓鬼・畜生・修羅・人・天の六つの道を指します。その六道の世界から人々を導くための観音を六観音と呼んでおり、観音堂においては、聖・不空羂索・馬頭・十一面・准胝・如意輪観音を六道の上に描くことで、人々を導く様子がわかるように思います。

さらに壁の脇などにも絵が描かれています。上段の三三観音は一軀を除いて白衣観音のお姿をしており、正面の白衣観音像を加えて三三観音と考えることができます。下段には観音功徳図および三十三応化身図が描かれていますが、これは『法華経』第二十五「観世音菩薩普門品」（通称『観音経』）の内容、すなわち観音が三三通りの姿に変化してあらゆる災難から救護するという経典を絵にしたものです。さらには、苦しみや悩みを受けた時、「念彼観音力」と一心に観世音菩薩を唱えると、観世音菩薩は直ちにその「音声」を聞き、人々を救済するとされる絵が描かれています。

須弥壇付近にある柱の内、六本にも画があります。これは四摂菩薩および八供養菩薩と考えられており、この柱と正面の本尊、千手観音菩薩を合わせると、観音の曼荼羅世界を表しているように思えます。

観音堂内に安置される千手観音菩薩、脇侍の不動明王と降三世明王、そして二十八部衆像、風神雷神像も合わせると三三軀になります。

よって観音堂内は千手観音を安置する場所、というだけでなく、本尊を中心とした観音曼荼羅の世界、観音の住まう世界、そして経典の世界、さらには六道、六観音まで描かれている、まさに観音の世界で埋め尽くされているお堂であり、仁和寺僧侶の修行の場、祈りの場として相応しい仏堂と言えるのではないでしょうか。

須弥檀背面壁・二壁上段の「十一面観音　馬頭観音」

須弥檀背面壁・二壁下段の「修羅道　畜生道」

須弥檀背面壁・三壁上段の「如意輪観音　准胝観音」

須弥檀背面壁・三壁下段の「天道　人間道」

変わらないもの、変えてはいけないもの

——デジタル保存に思うこと——

三七三年ぶりとなる観音堂の修理。その計画を実行するに際して、数えきれない人々との出会いがありました。観音堂の木材の材質選びから始まり、設計、色彩、彫刻に至るまで、ありとあらゆる分野のエキスパートの方々との出会いがなければ、修復工事は成し遂げられなかっただろうと思っています。その思いは、正保三年(一六四六年)に、顕證が観音堂の再建工事を行った時と相通じるものがあるだろうと思っています。

ではなぜ観音堂の修理をする必要があったのでしょうか。それは、「一〇〇〇年」という仁和寺の歴史の中にある建造物を、未来の人に、文化遺産として伝えて行かなければならない、という私たちの使命感からです。一〇〇〇年前の人々が私たちに仁和寺という宝物を残してくれたように、私たちもまた、一〇〇〇年後の人々に、「一〇〇〇年前と変わらない仁和寺」として残さなければならないのです。文化とは、歴史とは、変わらないまま次代へと継承していくべきもの。私はそう考えています。

その一方、時代のテクノロジーは日々進化しており、特にデジタル技術に関しては、時々刻々と変わり続けている、と言っても過言ではないでしょう。

仁和寺という「一〇〇〇年、変わらない文化」を、次代の人々により美しい形で残すために、私たちは、デジタルという「日々、変わる技術」を採用することに踏み切りました。そこでは、京都大学大学院工学研究科の井手亜里教授(現名誉教授)との出会いがありました。

井手教授の研究室では、世界最先端のテクノロジーを駆使した鮮明な画像記録のためのデジタル技術に関するノウハウを有しておられました。そこで私たちは、井手教授に依頼して、仁和寺

「千手観音菩薩立像」

堂内側壁・西面一壁上段の「三十三応現身」の一部

堂内側壁・西面一壁下段の「諸救難十二場面」の一部

堂内側壁・西面二壁上段の「三十三応現身」の一部

堂内側壁・西面二壁下段の「諸救難十二場面」の一部

にある数々の国宝や重要文化財を、鮮明な部分はより鮮明に、微妙な陰影などは微妙なままに、デジタル撮影を試みたのです。

そしてその技術は、平成三〇年(二〇一八年)一〜三月、東京国立博物館で開催された、『仁和寺と御室派のみほとけ―天平と真言密教の名宝―』と題した展覧会においてお披露目されることとなりました。この展覧会では、デジタル撮影された観音堂の壁画や柱を、高精細画像を使用して国立博物館内に〝再現展示〟したのです。この展示方式は、各所で話題となり、来場者も約三三万人を数え、大好評のうちに閉幕することができました。

仁和寺の数々の建造物や壁画などの芸術作品は、ただ保管されているだけでは、〝化石〟のようになってしまいます。次世代を担う人々、とりわけ若い人たちに、仁和寺の歴史的芸術作品の重要性を認識してもらい、次の千年に向けて遺して行くために、よりリアルに、よりクリアに、記録・保存する必要があるのです。

「一一三〇年を超えても変わらない文化」を伝承するために、「日々、変わり続けるデジタル技術」を駆使する……。これは、「変わらないもの」と「変わり続けるもの」とを融合させ、次の時代に伝え遺そうとする、私たち仁和寺の新たな挑戦でもあります。

一一三〇年の時を経ても、私たちは、絵師の気持ちに思いを馳せ、その絵が描かれた時代背景を読み取ることができます。同じように、デジタルで記録・再現されたものを一〇〇〇年後の未来の人たちが見た時、デジタル技術を駆使して遺そうとした私たちの気持ちを、仁和寺の文化や歴史への思いを、きっとくみ取ってくれることでしょう。

第三章
仁和寺の四季と庭園の美

春の御室桜

春爛漫！　御室桜の庭から国宝「五重塔」をのぞむ。
見頃は年によって異なるが四月初めが多い

御室桜

仁和寺や　足元よりぞ　花の雲

これは、仁和寺の御室桜について詠んだ春泥の句です。春に仁和寺を訪れる人々は、満開の御室桜に「ようこそ、春の仁和寺へ」と言われるがごとく、迎えられます。

祝祭のように咲く御室桜――。私は、春という季節が大好きです。寒かった冬が終わり、新しい一年が始まる。日本では、春は、入学、入社など新たな旅立ちと出会いの季節です。初めて入学する小学校。希望と不安を胸に踏み入れる学校の門。そしてそれを見守る家族や教師の笑顔。桜には、人々の旅立ちや出会いを祝福するかのような華やかさがあります。

私が初めて仁和寺の御室桜を見たのは、二〇代の頃でした。愛媛の実家の寺の庭にも桜は咲いていましたが、仁和寺の御室桜は、それとは比較にならないほど、豪華で美しいものでした。

御室桜の由来としては、正保三年（一六四六年）の観音堂再建の際に、「花をお供えする」という意味で、お堂の前に桜の木を植えて、それが仁和寺の御室桜となっていったと言われています。それは、観音様の〝慈悲のお心〟を伝えるためでもあったことでしょう。

さらに御室桜の特徴なのが、他の桜より背丈が低いことです。それは仁和寺の土壌の性質に起因し、桜の木が地中で根を伸ばしにくい土壌なのだそうです。

でも御室桜の背丈が低いことは、私からすると喜ばしく、「仁和寺がそういう土壌でよかった」とさえ思っています。なぜなら背の低い桜のほうが、その〝満開の華やぎ〟を、より近いところで眺めることができ、桜を身近に感じることができますから……。

「花は華なり、心なり」。私はこの言葉が好きです。その華やかさで、私たちに人生の深さや素晴らしさを教えてくれる一方、花は、「無理をすることなく、それぞれが与えられた場所で自らの命を精一杯輝かせて生きるもの」「人間も花のように、命を大切にしながら、日々豊かな人生を歩もうではないか」ということも教えてくれています。観音堂前の御室桜も、そうやってその神聖な場所に、四〇〇年近くも咲き続けているのです。

毎年春になると私は、まだ誰もいない早朝、満開の御室桜を眺め、その華やかさに圧倒されて、立ち尽くします。自分の小学校入学の時のことや、初めて仁和寺で御室桜を眩しく見つめた時のことを思い出しながら、やがて私は、観音様の懐に包まれているような幸せな錯覚に陥ります。きっと仁和寺の御室桜には不思議な力が備わっているに違いない――。春を迎えるたびに、私はそんな思いにとらわれます。どうぞ皆様も、一度、桜の満開の季節に仁和寺にお越しください。観音様の化身のような御室桜が、華やかに皆様をお迎えしますから。

一つの枝にいくつもの花が、たわわに咲くのが御室桜の特徴

鐘楼の鮮やかな朱色と美しいコントラストをなす桜色

満開のソメイヨシノ。華やかな枝ぶりに観音堂を引き立てる

御室桜は背丈が低いからこそ、散策路では身近に桜を感じられる

オムロツツジ

仁和寺の春には、御室桜のほかに、もう一つ忘れてはならない魅力的な花があります。それは、春から初夏にかけての仁和寺に艶やかな彩りを添える赤紫のツツジです。

このツツジは、コバノミツバツツジ（通称オムロツツジ）と言い、花弁は薄く多重で、花が咲いている時は葉がなく、ツツジにしては背が高めです。そのためちょうど背の高さぐらいで、御室桜とのバランスも絶妙なのです。桜の薄いピンクの花びらとグラデーションをなすように、赤紫の可憐な花が五重塔の周りの庭に点在する様子は、極楽浄土もこんな風であろうかと思われるような優しさと華やぎに溢れています。

花々の間の道なき道をそぞろ歩く時、そよぐ風に揺れる艶やかな色彩の美しさを目にする時、自然の恵みに、しみじみと感謝をする日々です。

仁和寺の水

仁和寺には、四季折々の〝表情〟があり、それぞれの季節で、異なった風景を見せ、訪れた人を楽しませてくれます。けれど、どの季節においても変わらないものがあります。それは、仁和寺を流れている、無数の〝水〟です。緑深き山に包まれた仁和寺は、豊かな水脈に包まれたお寺でもあるのです。

日本には古来より、〝水信仰〟がありました。地を潤す水は、生命の源であり、水がなければ動物も植物も、生まれることも育つこともできません。稲作が中心だった日本では、とりわけ、〝水の神〟は重要な神様でした。古代中国では、龍は財運の神であるのと同時に、水の神でもありました。龍神信仰というのも、そこから生まれたと言われています。

水は、あらゆるところを流れます。地面を、地面の下の地中を、固く張った木の根の間を、水は流れます。人や動物はもちろん、昆虫も通れないような岩の間でさえも、水は滲み、そして流れて行きます。

コバノミツバツツジ（通称・オムロツツジ）は、開花時に葉がなく花の鮮やかさが際立つ

重文「御影堂」の東側に整然と並ぶオムロツツジ

金堂東側からのぞむ風景。 華麗な大木のオムロツツジ

桜の淡いピンクとオムロツツジの鮮やかな赤紫が絶妙のグラデーションに

仏教においても、水は重要視されています。真言密教に「伝法灌頂」と呼ばれる儀式があります。これは、密教を修行した優れた行者に、阿闍梨の位を許すために行う、密教における最も重要な儀式ですが、その際、行者の頭に「智水（ちすい）」という浄めた水をかけます。

また、仏に供えたり、大切な客人に提供する神聖な水のことを「閼伽水（あかみず）」と呼びますが、仁和寺・霊明殿の左手には、「閼伽棚」と呼ばれる棚が設置されています。これは、仏に供える供物や花などを仮置きする棚なのですが、もともとは閼伽水を置くための棚でした。

さらに言えば、仁和寺・鐘楼の北に位置する場所に、「水掛不動尊」が祀られていますが、これは、菅原道真が太宰府に赴任する際、宇多法皇に挨拶するため仁和寺を訪れたものの、ついに法皇に会うことはできず、仁和寺を後にされました。その時、道真は、岩に腰掛けて法皇が帰って来られるのを待っていて、後に、その岩から清水が湧き出したという伝説から、その岩の上に不動明王を祀ったものです。

かように、仁和寺でも、〝水〟というものを大切なものとしてとらえ、信仰の対象としてきたのです。

仁和寺で、皆様の目に触れる〝水〟は、庭園の池の水だけですが、境内の地下には、無数の水脈が豊かに流れています。御室桜が、毎年見事な花を咲かせるのも、水の豊かさのおかげと言ってもいいでしょう。御室桜のみならず、紅葉も、松も、仁和寺にあるすべての植物は、豊かな水の恩恵によって、その瑞々しさを保ち続けているのです。

湧き出した清水は、岩や木の根を越え、下流へと流れる。その小さな流れがやがていくつも合流して、川となり、大河となり、そして大海へと注ぎ込む。その大海の水は天へと上り、そしてまた地上へと降り注ぎ、清水として湧き出す――。これは、生き物が輪廻転生を繰り返す、その縮図のようにも見えます。水が万物を生き永らえさせてくれることへの感謝を表すものとして、「命の水」という言葉がありますが、水もまた、命を持って生き続けているのです。

仁和寺を訪れられて、手水舎などで手や口を浄められた時、あるいは庭園の池の水をご覧になった時、「仁和寺の水は生きている」ということを感じ取っていただけたら、うれしく存じます。

夏の新緑

（写真左）名勝・双ヶ丘（ならびがおか）からのぞむ仁和寺。初夏の瑞々しい緑にすっぽり包まれ、御室の名に相応しい豊かな空間

（写真下）夏の明るい太陽に透けて輝く青紅葉。金堂を美しく彩る

華やかな紅の木立から金堂をのぞむ

赤から黄色のグラデーションが楽しめる貴重な樹木。背景は観音堂

秋の紅葉

おおぶりの枝からしだれる鮮やかな紅葉に金堂の模様が調和している

冬の雪景色

仁和寺御殿内「京都市指定名勝 北庭」(通称〝北庭〟)。まさに自然が描いた絵画のような美しさ

雪に描かれた砂目付が美しい。奥に見えるのは勅使門

雪に覆われた樹木が趣ある表情を見せる黒書院前の庭

まばゆい白雪と宸殿の木目が、凜としたコントラストをなす

〝北庭〟を左側から見た景色。雪で化粧されたかのような樹木たち

庭園の美

――技術者たちの空――

なんと美しい参道であることか――。これは、私が二〇代の頃に初めて仁和寺を訪れ、二王門をくぐって参道を歩いた時の、いわば〝心の叫び〟でした。金堂までまっすぐ伸びる参道。そこを歩くだけで、魂が浄められているような気持ちになったものです。

この参道を含め仁和寺の庭園や景観というものは、仁和寺の再建を命じられた顕證によって長い時間をかけて構想されたものです。その美しさは、再建から三七〇年以上経った今でも、少しも変わっていません。

何百年もの歳月が巡り、何千回もの春夏秋冬の四季が訪れ、その都度、庭園には季節の花が咲き、その花が散り、そしてまた新たな芽が息吹く……。その営みを繰り返しながら、仁和寺の庭園の美しさは、何百年も変わっていません。それもまた、「変わらないもの」「変えてはいけないもの」だと感じます。

この美しい仁和寺の庭園の歴史には、「庭師・何某によるもの」といった記録は残っていません。

たとえ当代一流の庭師であっても、そこでは、〝名もなき庭師によるもの〟となるだけです。

仁和寺一一三〇年の歴史の中で、この庭園の手入れをする庭師は何千人もいたでしょうが、彼らの気持ちを想像した時、いつのどんな時代であっても、そこに、「庭師としての自分の痕跡を残そう」という欲は皆無だっただろうと思います。

自分の個性や創作力などよりも、仁和寺の調和の取れた美しさを崩してはいけない、仁和寺の庭園の魅力や美しさを守り続けなければいけない――。おそらくはそういう気持ちでいたことでしょう。そしてそこには、「己の欲を滅して心を空にする」という御仏の心に通じるものがあったように思います。

仁和寺の「仁」という字を調べてみると、〈おもいやり、慈しみ〉〈自他のへだてをおかず、一切のものに対して、親しみ、慈しむ、情け深くある、思いやりの心〉とあります。

己の欲を捨て、仁和寺の庭園の美しさを守ることだけに専心した名もなき庭師たちの心には、御仏を前にした時の謙虚さと同時に、そういった〝思いやる心〟〝慈しむ心〟もきっとあっただろうと私は思っています。仁和寺は、そういった人々の〝仁の心〟で支えられてきたのです。

「すべては〇〇のために」という言葉があります。英語では、「All for 〇〇」となります。そこでは、個人の欲などよりもまず、「〇〇」を大切にし、「〇〇」のことを最優先に考える、ということです。一〇〇〇年前に仁和寺の庭園を造園し、その手入れを続けてきた記録に残ることのない庭師たち。彼らは、己の欲や個性などは捨て、庭師としての技術のすべてを、仁和寺の美しさを守るために傾注しました。そう、名もなき庭師たちのそういった行為はまさに、「すべては仁和寺のために」「All for 仁和寺」だったのです。

早朝、誰もいない仁和寺の庭園を、私は一人でよく歩きます。朝の澄んだ空気を吸い込むと、きれいに刈り込まれた生垣の緑や、芽吹き始めた花から、植物という生き物の香りが漂ってきます。その都度私は、緑や花に対して合掌します。

仁和寺の庭園は、何もなき無数の庭師たちの思いに支えられて、永きにわたり守られてまいりました。私たちのお役目は、この仁和寺の美しさを守るばかりでなく、仁和寺のために結集してくれた名もなき無数の技術者や職人たちの尊いお気持ちに対して、感謝を捧げ続けることでもあるのです。緑や花への合掌というのは、そういった感謝の印でもあるのです。

仁和寺の美しい庭園を眺められる時、そこに、一〇〇〇年もの間、手入れをし続けた無数の庭師たちの魂を感じていただけたら、それに優る幸いはありません。

どうぞ、仁和寺の庭園をゆっくりご観賞ください。

秋の極彩色の紅葉が見事な名勝〝北庭〟から、重文「五重塔」をのぞむ

大玄関に続く石畳と造形的に刈り込まれた松がモダンな印象

宸殿の手入れの行き届いた庭。砂紋と池に映る建物が美しい

重文「鐘楼」。鮮やかな朱色が周囲の緑に映える

仁和寺御殿内の〝北庭〟、夏の終わりの緑陰の美

幽玄の美——ライトアップ

ピンクとイエロー、二色にライトアップされて荘厳な中にもモダンさを感じさせる国宝「金堂」

ライトアップされた重文「中門」に夜桜が趣を添える

玉砂利を歩み拝殿に参る、夜の散歩道

昼にも増して建築の美がより際立つ重文「五重塔」。
（江戸初期の復古式、三間五重塔婆、本瓦葺。総高 36.18 m）

五重塔

金堂まで長く続く白い玉砂利の参道。その左には、御室桜に囲まれた観音堂があり、参道を中心線にして、観音堂とちょうど対称の位置にそびえ立つのが、仁和寺の中で最も高い建造物である、重要文化財の「五重塔」です。その高さ、約三六メートル。普通のビルやマンションで考えると、一〇階から一二階の高さに相当します。

五重塔は、入滅したお釈迦様の遺骨すなわち「仏舎利」を安置奉納することを目的に造られた仏教寺院建造物のことを指しますが、もともとサンスクリット語で「高く顕(あらわ)れる」という意味のことを〝ストゥーパ〟と言いました。これが「率塔婆」「塔婆」と漢訳され、それがさらに略されて「塔」と呼ばれるようになったのです。つまり「塔」という字自体に、「お釈迦様の遺骨を高いところに祀る」という意味が含まれているわけです。

五重塔は、江戸時代の寛永一四年(一六三七年)の建立とされていましたが、昭和二六年(一九五一年)の屋根替え工事の際、雨漏りを防ぐために瓦の下に敷く板、土居葺板(どいふきいた)に、「寛永二一年」と墨書されたものが発見されており、五重塔は、正しくはこの頃完成したのでは、とも考えられています。

現存する日本最古の五重塔は、飛鳥時代に建てられた法隆寺のものですが、その頃の塔は、より安定させるため、下から上に行くにつれて床面積が小さくなっていました。それに対し江戸時代に造られた仁和寺の五重塔は、初重(一階)と五重(五階)の面積がそれほど変わりません。つまり飛鳥から江戸の一〇〇〇年の間に、それだけ木造建築技術が進歩したということを表しています。

中に入ると、初重には「胎蔵五仏」が安置されています。これは、密教の世界観を表す両界曼荼羅のうち、胎蔵曼荼羅の中心に位置する五体の仏様のことを言います。大日如来を中央に、東に宝幢如来、南に開敷華王如来、西に無量寿如来、北に天鼓雷音如来の五仏が祀られており、こういった五仏の立体的な配置は、立体曼荼羅のひとつとされています。

初重の柱には、インドから中国、日本へと密教を伝えた八人の僧「真言伝持の八祖」が描かれています。龍猛菩薩、龍智菩薩、金剛智三蔵、不空三蔵、善無畏三蔵、一行禅師、恵果阿闍梨、そして弘法大師。この八人の高僧が並ぶ荘厳な図柄というのは、密教寺院には欠かせないもので、仁和寺と密教との強い結びつきが顕著に表れています。

御室桜の咲く春。ツツジの咲く初夏。紅葉の秋。それぞれの季節の色合いと組み合わさったアングルで、五重塔を撮影される方をよくお見かけします。五重塔は〝仁和寺のシンボル〟とも称されています。それは、五重塔の高さのみならず、どの季節の色と組んでも美しく映えることか

重文「五重塔」の内部。「胎蔵五仏」を安置している

らそう呼ばれるのではないか――。夕刻、夕映えに映える五重塔の頂を見上げながら、私はそんなふうに思っています。

経蔵

参道をまっすぐ進むと、仁和寺が誇る国宝「金堂」につきあたります。そこを右に折れ、石畳の道を歩くと、やがてすっと伸びた樹木に囲まれた中、白い石組みの段の上に、重要文化財「経蔵」が建てられています。

経蔵とは、仏教経典全般(一切経)を収める収蔵庫のことを指しますが、その中に「輪蔵」と呼ばれるものもあります。経蔵は回転するように造られていて、これを一回転させると、一切経をすべて受持読誦(じゅじどくじゅ)した、すなわち経典の教えを読み、覚え、暗記したことになるというもので、中国の梁の時代(六世紀)に傅大士(ふだいし)という学者によって発明された方式です。仁和寺の経蔵の内部にも輪蔵が造られていて、八角形であることから「八角輪蔵」と呼ばれています。

八角輪蔵の八つの面のそれぞれに、経典を収める箱「経箱」が横五×縦一二＝六〇箱、さらにその内側に横三×縦一二＝三六箱があります。ひとつの面だけで九六箱の経箱があり、それが八面ですから、八角輪蔵には、計七六八箱の経箱が存在することになります。そしてそれぞれの箱

木立に囲まれた静謐な重文「経蔵」。経典が納められている

重文「経蔵」内部。八角輪蔵の中には天海版一切経（江戸時代）が納められている

三七〇年以上前に描かれている壁画の色の鮮やかさに驚嘆

上下の絵は共に「十六羅漢図」の一部で、羅漢の日常を描いている

に、観音堂が再興された江戸時代・寛永年間に完成した、天海版と呼ばれる一切経が収蔵されているのです。

八角輪蔵の前には、須弥壇という、仏像を安置するための段が設けられ、そこにこの経蔵の本尊として「釈迦如来」と、その両脇に「普賢菩薩」「文殊菩薩」の像が安置されています。

厳密に言うと、釈迦如来は、仏教の開祖である釈迦尊＝お釈迦様とは異なります。お釈迦様は、釈迦如来について、「仏や菩薩が民衆を仏道に導いて救うために仮の姿をとって現れた（＝垂迹（すいじゃく）した）超越的な存在」と説かれています。そういったお釈迦様の働きや徳を象徴した仏である釈迦如来が、お釈迦様の書かれた経典を収める経蔵の本尊として祀られています。

釈迦如来の両脇に立つ普賢菩薩と文殊菩薩は、位（くらい）の高い菩薩であり、釈迦如来の代表的な脇侍（本尊を補佐する役目）ですが、特に文殊菩薩は智慧を司る菩薩であり、仏教経典が成立するその始まり（濫觴）の時にお釈迦様のもとに結集した菩薩の一人、といった言い伝えもあります。

さらに経蔵には、お釈迦様の一〇大弟子のうち、阿難陀（あなんだ）、優婆離（うぱり）、摩訶旋延（まかせんねん）の三人の弟子の像も祀られています。この三人は、お釈迦様の弟子の中でも、それぞれが、「多聞第一（教説を最も多く聞きよく記憶していた）」「持律第一（戒律に精通しそれをよく守った）」「論議第一（さまざまな議論に巧みであった）」といった優れた能力を有していた、とされています。

智慧を司る文殊菩薩の像や、仏教経典に忠実だった釈尊の弟子の像を祀ることなどを見ても、この経蔵を再建する際、当時の仁和寺がいかに仏教経典を大切に扱い、そこに書かれた戒律を守ることを重視していたかがよくわかります。仁和寺の経蔵は、単に経典の収蔵庫なのではなく、仏教の根幹部分を支える教養や誠実さがぎっしりと詰まった〝宝庫〟なのです。

重文「経蔵」の中の三尊。八角輪蔵の前に位置し、経典を守護している

第四章
仁和寺の至宝

仁和寺が誇る至宝とは

仁和寺御室、この地に仁和四年（八八八年）、第五十九代宇多天皇（八六七～九三一年）によって開創された仁和寺は、天皇が落飾（出家）し入室、その後、第三十世純仁法親王まで約一〇〇〇年にわたり皇子、皇孫が住職を務めた門跡寺院です。そのため、御室御所とも呼ばれ、門跡寺院の筆頭として今日まで法灯を守ってまいりました。そして宇多天皇（開山 寛平法皇）以降、皇族が仁和寺の門跡に就任することによって、歴史的な人物、文化人との交流を持つ関係を築き上げてまいりました。この歴史は令和という時代を迎えた今も継承されています。

こういった天皇家との関係は、仁和寺の宝物にも見ることができます。それが天皇の直筆、宸翰です。高倉天皇をはじめ、後嵯峨天皇や後宇多天皇、後醍醐天皇などの宸翰が仁和寺には残されていますが、特に第六世であった守覚法親王は高倉天皇、第九世道深法親王は後嵯峨天皇から、それぞれの法親王が修法（拝む作法）を執り行った孔雀経法の効験に対する感謝を述べた書簡を送られたことでも、天皇からの崇敬が絶大であったことがわかるのではないでしょうか。

また、仁和寺には空海が唐に留学していた時に集めた経典類「三十帖冊子」を所蔵しています。この冊子を納める箱は「宝相華迦陵頻伽蒔絵塞冊子箱」と言い、延喜一九年(九一九年)に醍醐天皇が下賜されたことが記されています。

見逃せないのは、平安時代から伝わる国宝や重要文化財に指定された仏像です。特に素晴らしいのが仁和寺創建当時の本尊である「阿弥陀三尊像」や、康和五年(一一〇三年)作の、仏師円勢・長円による「薬師如来坐像」などで、現在は霊明殿本尊(旧北院本尊)に納められています。

さらに「住吉蒔絵机」や「日月蒔絵硯箱」といった蒔絵の机や硯箱は、後陽成天皇から二十一世覚深法親王に下賜されたという伝承があり、天皇家と仁和寺との関係を示す宝物が現在もたくさん残されています。

ほかにも陶磁として「色絵瓔珞文花生」が知られています。これは仁和寺が再興された寛永年間(一六四〇年頃)、仁和寺門前で開窯した仁清の作品です。仁清の焼物は、御室焼、仁和寺焼、仁清焼などと呼ばれ、京都の陶器を一躍有名にした人物でした。江戸時代の仁和寺は、文化を花開くサロンとしての役割も担っており、令和の現在もさまざまな形で息づいています。

国宝「阿弥陀三尊像」（平安時代）

仁和四年（八八八年）仁和寺創建当時の金堂の本尊です。三尊はともにヒノキを用いた一木造で、全体的に凝縮感のあるたくましい姿をしている。また上瞼の縁をまっすぐに引いた鋭い眼や、太く深い衣の彫りなど、いずれも九世紀後半に始まる真言密教系の彫刻の作風と言われている。向かって左が観音菩薩、右が勢至菩薩。また中尊の阿弥陀如来像の両手を結ぶ印は、現存では最古の作例と言われている。

一日の始まり、薬師如来と共に……

私の一日は、仁和寺歴代の門跡をお祀りしている「霊明殿」に向かうことから始まります。

私が日頃寝泊まりをしている宿坊から霊明殿までは、徒歩で約二分。霊明殿に向かうその短い間、歩を進めるごとに、私の心は、どこか澄み渡るような感じになっていきます。

堂内に入り、霊明殿のご本尊であり、国宝である「薬師如来坐像」の前に座して、私は手を合わせます。白河天皇の皇子であり、仁和寺第三世門跡でもあられる覚行（かくぎょう）法親王が発願して、康和五年（一一〇三年）に作られた薬師如来坐像。当時、仏師の第一人者とされた円勢と、その息子でありまた弟子だった長円によるものです。

「薬師如来坐像」の高さは一〇・七センチメートルで、光背と呼ばれる像の背後の飾りや、像の載った台座を含めても、わずか二二センチメートル足らずの小さな仏像ですが、その小さな白檀の像に向けて手を合わせ、修法をしていると、次第に心は落ち着き、静謐な気持ちとなっていきます。

時の経つのを忘れ、一心不乱に祈りを捧げていると、やがて、「今この時、修法をさせていただいている」というそれ自体に、満たされた気持ちになっていきます。その幸福感とは、一〇〇〇年という時空を越え、仁和寺開山である宇多法皇が、祈る私にもたらしてくださっているものでしょう。

お勤めを終え、障子を開けて外に出ると、どこからか鳥の鳴き声がしているのに気づきます。春の季節には鶯の優雅な鳴き声がし、夏が近づけば、庭園の池から蛙たちの大合唱が聞こえます。いずれも、霊明殿で祈りを捧げている時には聞こえなかった声。私の修法の妨げにならぬよう、鶯や蛙が鳴くのを控えてくれていた、というわけでもないでしょうにね。

私が霊明殿の廊下を歩くと、人の気配を感じて池の底に潜ったのか、蛙の声がピタッと止みます。そしてまるで蛙と交替したかのように、鯉が何匹も水面近くに集まって来ます。私が餌をやりに来たと思っているのでしょう。そうして、仁和寺の一日は始まります。

四季折々の花が咲き、それぞれの季節ごとに違う生き物たちが鳴こうとも、一日の始まりのこの儀式が変わることはありません。一日は祈りで始まり、そして日々の中に祈りがあります。

私たち仁和寺は、〝祈り〟と共に生きています。

国宝「薬師如来坐像」

白檀製で、台座を入れても二一・九センチの小さな仏像。光背は円形の頭光には七仏薬師、その後ろには日光・月光菩薩立像が彫刻されている。台座は七段からなる須弥壇で、各面に十二神将が三体ずつ彫刻されている。

現在は霊明殿に安置されているが、元は北院の本尊。北院は弘法大師の請来と言われ、当時第二世性信（しょうしん）親王（一〇〇五〜八五年）の念持仏だった薬師師如来を本尊として、永保二年（一〇八二年）に建立されたが、康和五年（一一〇三年）に火災にあい、その後造られたのが現在の薬師如来。

仁和寺の見えない至宝「修法」

仁和寺にはさまざまな宝物に並んで、目には見えずとも何よりも大切な至宝に、一一〇〇年以上も連綿と伝わってきた密教の「修法」があります。

真言密教の教えの中で最も重要とされるのが身口意の三密、つまり手や体を使って結ぶ印契(身密)、仏様の真言(口密)、その世界を思い浮かべる観想(意密)によって仏様を供養し、自身が仏様と一体となり(即身成仏)、利他行として人々の願いやさまざまな要求に応えるために拝むことであり、これを修法(供養法)と言います。

この修法のルーツは仏教発祥の地インドにあり、もとは貴人を迎え、おもてなしをする形式を密教的に組織体系化したものです。修法の流れは、まずは自身を浄め、お迎えする場所(道場)を決定(結界)し、実際に貴人(仏様)をその場所(道場)にお迎えし、おもてなし(供養)をして、送り出すというものです。僧侶というとお経を読むというイメージが強いかもしれませんが、真言宗で最も重要なのはこの三密による修法なのです。

この修法において、仏様と一体無二となることが自利行(小乗)であり、自身が仏となり衆生の願いに応えることが利他行(大乗)と言います。大乗仏教では、自分のためではなく、誰かの願いに対してこの修法が行われています。

仁和寺においてもさまざまな修法が行われてきたことが、仁和寺に現存するさまざまな書物から読み解くことができます。中でも有名なのが孔雀明王を本尊とした孔雀経法でしょう。仁和寺第六世門跡である守覚法親王は『追記』で「およそ孔雀経法は広沢無双の大秘法なり」と説かれ、守覚法親王が行った孔雀経法によって皇子を得たことへの感謝が記された「高倉天皇宸翰消息」はあまりにも有名です。この孔雀経法は歴代の門跡たちによって、上述のような安産祈願だけでなく、病気平癒や魍魎(もうりょう)退散のみならず、旱魃(かんばつ)などの自然災害を治めるためにも何度も祈られました。

現在においても仁和寺では折に触れ、世界平和や災害平癒、災害の被害者の追悼鎮魂のために祈りが捧げられています。

重文「吉祥天立像」

左手に宝珠を持ち、右手を下げて立つという吉祥天に特有の姿であるが、三角形の頭巾を思わせる先端が尖った宝冠の形が特徴的。両手首より先を除き、ヒノキの一材から彫り出されている。彩色はほとんど剝落しているが、正面膝下方の衣にはその一部が残されている。

重文「愛染明王坐像」

愛染明王は愛欲といった煩悩を昇華し、悟りに変える仏。身体は赤く獅子冠を被り、目が三目で六つの腕（三目六臂／さんもくろっぴ）を持つ。腕の第一手は金剛鈴と金剛杵を持ち、第二手で弓と矢、第三手で蓮華を持つ。第三手の左手に何も持たないのは、修法の目的によって持ち物を変えるためとも言われる。

仁和寺の教えの歴史「法流」

仏教用語に「法流」というものがあります。短くまとめると、法流とは「教えを伝える系譜」ということです。いくつも存在する法流の中でも、仁和寺の法流は、遺された史実や資料などから、非常に正統的なものとされています。これは仁和寺の根幹に関わる大変重要なことだと私たちは考えています。この項では、史実をもとに、「仁和寺の法流の成り立ち」について解説させていただきます。

光孝天皇(八三〇年~八八七年)が、皇城(現在の京都御所)の西北、大内山の南の麓に寺の建立を発願したのは、仁和二年(八八六年)のことでした。しかし光孝天皇は、その寺の完成を見ることなく、翌三年八月に崩御されてしまいます。皇位を継承した宇多天皇が、先帝の遺志を継いで、仁和四年(八八八年)、大内山の麓に金堂を造ります。その年の八月一七日には、光孝天皇の一周忌法要と共に、この金堂の落慶(寺社の新築や修理の完成を祝う儀式)が、空海の弟子で、東寺長者(東寺の長官)である真然(しんぜん)大徳導師のもとで執り行われ、これが仁和寺の起源とされています。

先帝・光孝天皇のご供養、そして仏法の興隆――。この二つの大きな目的をもって、仁和寺は創建されました。

仁和寺の創建を主導した宇多天皇は、幼い時から仏教への信仰心が篤いお方でした。寛平九年(八九七年)七月、宇多天皇は在位一〇年という短さで、醍醐天皇に譲位し、二年後の昌泰二年(八九九年)一〇月に、東寺長者だった本覚大師益信(ほんがくだいしやくしん)を戒師(出家を望む者に戒を授ける役)として、出家します。宇多法皇は、仏教の中でもとりわけ密教に篤く帰依していて、延喜元年(九〇一年)一二月には、出家の戒師であった益信を大阿闍梨として、伝法灌頂を受け、以後、金剛覚という僧名を名乗ることになりました(「大阿闍梨」「伝法灌頂」については四四ページの「観音堂」の項を参照)。

仁和寺第一世門跡となる宇多天皇に、出家伝法を授けた益信は、「広沢流」という法流の開祖です。前述のように、法流とは、仏教の教えを伝える系譜のことですが、より厳密に言うと、「密教の最上教主である大日如来様、ひいては真言宗の開祖である弘法大師空海様から現代にまでつながる、正統な密教の教えを継承した系譜」ということになります。本来ならば、この流れは一つのはずですが、時代の経過やさまざまな要因とともにどんどん細分化され、枝分かれし、密教の中にいくつもの法流が生まれることになります。法流の違いによって、仏様への供物やその祀り方、拝み方までが異なります。

密教とは、もともとは弘法大師が唐より請来(仏像・経典などを請い受けて外国から持って来ること)し、日本に伝えた宗教のことを指します。真言密教、東密とも言います。

この密教の教えは、弘法大師空海から、空海の弟である真雅僧正と、高弟だった実慧大徳に伝えられましたが、彼らの伝える所伝はそれぞれ異なり、真雅の伝を「槇尾伝」、実慧の伝を「檜尾伝」と呼んで区別しました。これが法流が生まれる起源（濫觴）となりました。

槇尾伝は、真雅から真然に、檜尾伝は、実慧から宗叡に伝えられました。宗叡は幼い頃から比叡山で学び、天台宗の密教（台密）を究めた後に、東密に帰依したため、その説く内容は、自然と台密の傾向を帯びていて、そこが槇尾伝とは趣を異にするところでした。

このように、空海が伝えた密教の教えは、教えた直後に二つに分かれることになりますが、平安右京の南池院に住んでいた源仁僧都という僧侶が、真雅と宗叡の両方に師事して、それぞれから法流を受け、真雅の槇尾伝と実慧の檜尾伝、二つの法流を統一しました。

源仁僧都の高弟に、宇多法皇の師である益信僧正と、聖宝尊師の二人がいましたが、源仁僧都は、益信には檜尾伝を授け、聖宝には槇尾伝を授けたため、統一された法流が、再び二つの法流に分かれてしまうことになりました。

益信の流れは、宇多法皇から寛空へと受け継がれ、その後、広沢（現在の右京区嵯峨広沢）遍照寺に住んでいた寛朝に至ったため、益信の法流のことを「広沢流」と名づけ広めるようになりました。一方、聖宝の法灯は、観賢～淳祐～元杲と相承され、それを受け継いだ仁海が、山城国小野の曼荼羅寺（現在の随心院）に住んでいたため、聖宝の法流のことを「小野流」と名づけ、宣揚するようになりました。

宇多法皇は、空海から師の益信へと続く法流の正当なる法嫡として、創建された仁和寺の第一世門跡として君臨されました。そのため広沢流の法灯を継ぐために集まった者は、皇族をはじめ名門貴族の出自である者が多くなり、自然と、「名門派」もしくは「貴族派」と称されるようになりました。そのようにして形成されたのが、洛西派の東密集団である広沢流であり、それ以降、仁和寺は、皇族・貴族と縁深く発展を遂げるようになります。

それに対して聖宝の小野流では、聖宝も、その継承者である観賢も、法の効験あらたかな（仏による効果が明らかに表れること）宗教的天才でしたが、必ずしも名門の出ではありませんでした。こういった庶民的な法験家の徳を慕って集まる者たちが、醍醐寺を中心とする洛東派の東密集団である小野流を形成し、その法灯を顕揚するようになりました。

広沢流、小野流二つの法流は、まるで表裏になっているかのように、さまざまな点や解釈で相異点が見られ、時代の経過とともに、さらに細かい分派が生じていき、室町時代頃には、「野沢十二流、三十六派、七十余方」とも呼ばれるほど、分かれることになっていきます。

宇多法皇から広沢流（真言広沢）の教えを受け継いだ寛空は、宇多法皇より灌頂を受け、仁和寺別当をはじめ、東寺長者や金剛峯寺座主を務めた高僧ですが、その寛空は、寛朝に伝法灌頂を授け、法皇の教えを伝えます。

寛朝も、仁和寺別当や東寺長者、東大寺別当を務め、皇孫貴族からの帰信（深く信仰し教えに従うこと。帰依）が篤く、花山天皇（九六八～一〇〇八年）の勅命で、広沢池の湖畔に遍照寺（へんじょうじ）を開創し、大いに密教を弘めました。また寛朝は、密教の声明を整理した功績も大きく、「東密声明の中興」とも呼ばれるようになります。寛朝の時代から、この法流が「広沢流」と呼ばれることになります。

寛朝は、宇多法皇の第八皇子で、仁和寺に入寺し、「仁和寺の宮」と称された敦実親王の子息にあたります。さらに北院済信僧正は、敦実親王の孫にあたります。広沢流は、北院済信僧正を経て、性信親王（仁和寺第二世門跡）に受け継がれますが、第一世門跡の宇多法皇から、孫、曾孫を経て、〝大御室〟と称された性信親王に継承されたことになります。

〝大御室〟性信親王は、顕密二教の奥義を極め、法験に長じ、「弘法大師の再来」と謳われました。性信親王の後は白河天皇第三皇子の覚行法親王が、仁和寺第三世門跡となりますが、覚行法親王の入寺をもって、仁和寺歴代の門跡を親王が継承する体制が固まったと言えます。これら済信や覚行法親王の時代に、仁和寺は、真言宗の道場として繁栄を迎えます。済信僧正の弟子の成就院寛助が、白河天皇・堀河天皇・鳥羽天皇と、歴代天皇からの崇敬を一身に集め、世人より「法の関白」と呼ばれたのは、仁和寺が栄えたその代表例と言えます。

寛助が伝法を授けた弟子は多く、そのため寛助の後、広沢流は六つの流派に分派することになります。これがいわゆる、「広沢六流」です。

この広沢六流の一つ、「仁和御流」の祖である覚法法親王は、白河天皇の第四皇子で、のちに仁和寺第四世門跡を継承することになります。覚法法親王の跡をうけ、第五世門跡に覚性法親王（鳥羽天皇の第五皇子）、第六世門跡に守覚法親王（後白河天皇の第二皇子）、さらに第七世門跡に道法法親王（後白河天皇の第八皇子）と、広沢の仁和御流は受け継がれて発展を続けます。その勢いは、王城鎮護（都の守護）を担っていた、官寺（国から経済的保障を受けていた寺院）である東寺をも凌ぐようなものでした。その際、歴代天皇の仁和寺に対する崇敬は絶大であり、今も仁和寺に残る、第六世門跡・守覚法親王に宛てた高倉天皇の宸翰消息(天皇自筆の文書)や、第九世門跡・道深法親王に宛てた後嵯峨天皇宸翰消息は、このことを如実に示しています。

国宝「高倉天皇宸翰消息」

治承二年（一一七八年）一〇月、平清盛（一一一八～八一年）の六波羅殿では、中宮平徳子（一一五五～一二一四年）の御産にあたり、毎日のように修法が行われていた。それら修法の最後に行われたのが、第六世守覚法親王（喜多院御室、一一五〇～一二〇二年）による孔雀経法であった。この消息は皇子誕生の翌日、高倉天皇（一一六一～八一年）が、守覚法親王に宛てたもの。「大法無事結願、喜悦」に始まる文には、一八歳で父親となった天皇の悦びと感謝の念が溢れている。なお高倉天皇にとって、守覚法親王は皇兄にあたる。また二一歳の若さで亡くなった高倉天皇の現存する唯一の筆跡である。

国宝「後嵯峨天皇宸翰消息」

後嵯峨天皇（一二二〇～一二七二年）の現存する唯一の宸翰（直筆）。天皇が第九世道深法親王（一二〇六～四九年）に宛てたもので、寛元四年（一二四六年）四月に書かれた。前年は陰陽道による太歳・太陰・客気の三神が合する三合の厄年であったが、何事もなく今年も引き続き順調であるのは、道深法親王の修法のおかげと感謝する内容。

歴代天皇の直筆「宸翰」

仁和寺において、歴代天皇とのつながりを示すもののひとつとして、直筆「宸翰」があります。宸翰は消息(手紙)、写経、和歌などに分けることができますが、その中でも天皇ご自身が個人に宛てた消息が一番つながりが深いように思えます。

仁和寺において、天皇の宸翰は一五人の天皇、二〇点に及びます。中でも消息は高倉天皇、後宇多天皇など五天皇、七通残されていますが、天皇唯一と呼ばれる宸翰が二通あります。それが第八十代高倉天皇(一一六一〜八一年)と第八十八代後嵯峨天皇(一二二〇〜七二年)の宸翰です。

高倉天皇の宸翰は、兄である仁和寺第六世守覚法親王に宛てたものです。治承二年(一一七八年)一〇月、平清盛(一一一八〜八一年)の六波羅殿では、中宮平徳子(一一五五〜一二一四年)の御産にあたり、毎日のように修法が行われていました。それら修法の最後に行われたのが、守覚法親王による孔雀経法でした。この消息は皇子が誕生した翌日に書かれたもので「大法無事結願、喜悦」に始まる文には、一八歳で父親となった天皇の悦びと感謝の言葉が記されています。

高倉天皇の消息を受け取った守覚法親王が天皇に宛てた返書が残されています。それは皇子が誕生したことに対し、天下全体の幸福であること、この天皇の宸翰を授かった栄誉は代々の仁和寺門跡に伝えるといったことなどが書かれています。

もう一つは、後嵯峨天皇の宸翰です。これは天皇が仁和寺第九世道深法親王(一二〇六~四九年)に宛てたもので、寛元四年(一二四六年)四月の日付があります。

前年の寛元三年は、陰陽道による太歳・太陰・客気の三神が合する、三合の厄年にあたっていましたが、何事もなく、今年も引き続き順調であるのは、道深法親王の修法の霊験や法力のおかげであるとして、感謝する内容となっています。これは寛元四年、変事の予兆といわれる客星・彗星が正月と三月に相次いで出現したことから、後嵯峨天皇が法親王に依頼し、内裏において孔雀経法を修法し、厄災とならないように祈ったことを感謝している消息です。またこの宸翰は、後嵯峨天皇が後深草天皇に譲位した直後の宸翰であり、次帝を気遣う様子も伺えます。

二つの宸翰はどちらも法親王と孔雀経法に関わる内容です。これは仁和寺が第二世性信親王が得意とした孔雀経法の流れが歴代の法親王にもつながり、それは天皇家との信頼にもつながっていると言えるのではないしょうか。

また光格天皇(一七七一~一八四〇年)が書写した紺紙金字の薬師経(「光格天皇宸翰薬師経」)も仁和寺に残されていますが、これは天皇が書写半ばで崩御したため、第二十九世済仁(さいにん)法親王(一七九七~一八四七年)が書き継いたものです。このような天皇家との深い関係が、天皇唯一の消息や写経が残る所以(ゆえん)であるように思えます。

御室相承記
寛平法皇相当仁和寺御[illegible]行[illegible]
之南御室 仁和寺西側[illegible]
御室
寛平法皇
光孝天皇第三御子 御母儀皇太后班子 式部卿
太政大臣仲野親王女 貞観九年丁亥 月 日 降
御誕生 仁和三年八月廿六日立太子 同
年十一月十七日即位 寛平九年七月三日[illegible]
位第一皇子 [illegible] 昌泰二年十月廿四日落飾御出
家 御戒師 益信大僧都 [illegible]
南法師 同年十月廿四日於東大寺御登壇 同
年南山御修行 延喜元年十二月十三日[illegible]
於東寺灌頂院受伝法灌頂職 [illegible]
僧正益信為大阿闍梨 色衆八十三口[illegible]
口 [illegible] 付今日廿六口[illegible]
[illegible]二口[illegible]二口[illegible] [illegible]大法[illegible]

一

寛空僧正
兵部卿敦固親王 [illegible]
弟子也 天慶八年十二月廿九日任権律師 天暦二年
十二月廿六日任権少僧都 [illegible]
同十年十二月廿九日 立法務 天徳元年[illegible]
十日任大僧都 同[illegible]年八月九日任権僧正 康保元年
十月八日転正 御天暦二年十二月[illegible]日[illegible]東寺二長
者 同三年十二月[illegible]一長者 [illegible]
[illegible]奉[illegible]律師者天暦三年十二月三日[illegible]
今月廿六日寛空任権少僧都[illegible]一長者[illegible]
則暫寺務[illegible]中絶[illegible]天禄二年二月[illegible]
寺長者法務[illegible]
廿三年[illegible]二月[illegible]日入滅 年八十九
法驗事
仁海[illegible]村上[illegible]天徳[illegible]年[illegible]
自五月九日[illegible]孔雀[illegible]法[illegible]日[illegible]
奏[illegible]諸人[illegible]同[illegible]法[illegible]
[illegible]中観念[illegible]大雨[illegible]
[illegible]人[illegible] 年[illegible]七十七

二

国宝「御室相承記」

仁和寺の第一世 宇多法皇（八六七〜九三一年）から第七世道法法親王（後高野御室、一一六六〜一二一四年）に至るまでの歴代御室の記録が記されており、六巻から成る。本巻は第一世宇多法皇部分。

観音院供養事
天暦五年三月廿八日己卯為式部卿宮御修[illegible]被
遂行之
灌頂弟子事
寛静僧正 救世僧都 寛朝大僧正 定照大僧都元杲
大僧都 盛算僧都 安蔵法橋 神咒法師 已上又
也
寛朝大僧正 号広沢僧正 又ハ遍照寺 東寺一長者 法務 東大寺 西寺 仁和寺 別当
式部卿敦実親王 法名覚[illegible] 宇多第八 息 御母左大臣時平之女
寛空僧正 灌頂弟子也 天暦二年五月九日丁巳 日曜 角宿
於南御室受職位 年三十三 寛空六十八 教授寛静僧都 [illegible]
僧兄 美徳 救世僧都 同 新阿闍梨 大阿闍梨共ハ今受職
但無論説導師 貞元二年六月十八日任権律師 同十
月五日任権少僧都 同廿日立法務 同十月廿八日加三
長者并補西寺別当 又ハ広沢房為法務補別当
一箇年之間有二箇度之加 天元二年十二月廿日任
権大僧都 年五十四 同四年八月十二日任僧正 不経 権
八月十一日長者寛和二年十二月廿五日転大僧正 年七十一 良源替
日本第三代大僧正也 長徳四年六月十二日入滅 年八十三
一生中修行之 理趣経文読之句 声名吉曲 世所知

三

調之
円融寺供養事
永観元年三月廿二日也 元是僧正禅[illegible]之場
永延二年三月廿日供養 大法会
観音院供養事
寛和元年二月廿二日供養 為太后宮御修法也
遍照寺供養事
永祚元年十月廿六日
円教寺供養事
長徳四年正月廿二日之事
高野大塔焼亡事
正暦五年
寄東寺有職八口事
同年
広沢建立三昧事
僧正賜封百戸等之
灌頂弟子事
雅慶大僧正 [illegible] 円融法皇 覚如 法橋 修信大僧正
清寿 中円 寺 明信 寺 円城 雅寺 東寺 頼寿
深覚大僧正 朝寿 観代 円田 中行 他之 覚縁 [illegible]
安救 寺 実相 一道 盛寿 寺 栖住 已上十七人

四

歴代の御室の歩みを記す国宝「御室相承記」

仁和寺の第一世 宇多(寛平)法皇(八六七~九三一年)から第七世道法法親王(後高野御室、一一六六~一二一四年)に至るまでの歴代御室の記録が記されています。

御室とは、延喜四年(九〇四年)、宇多法皇が仁和寺に自身の住まう場所として造った「室(僧坊)」の敬称として、「御室」という呼び方が使われたことに始まります。やがてその建物は「御室御所」と呼ばれ、後に仁和寺の別称ともなりました。

また御室とは、天皇の子や宮家から出家し仁和寺の門跡となった場合の敬称としても用いられています。よって仁和寺では第二世性信親王(大御室、一〇〇五~八五年)から第三十世純仁法親王(楞厳定院御室、一八四六~一九〇三年)まで、第十世法助(開田准后、一二二七~八四年)を除き、仁和寺の門跡を継承した二十八名は御室の称号が用いられています。

この御室相承記は六巻で構成されています。第一世宇多法皇から第七世道法法親王(後高野御室)のうち、第六世守覚法親王(喜多院御室、北院御室とも。一一五〇~一二〇二年)の巻は失われて残されていません。
巻第一（第一世）寛平法皇（附 寛空、寛朝、済信）・巻第二（第二世）大御室（性信親王）
巻第三（第三世）中御室（寛行法親王、附 寛助）・巻第四（第四世）高野御室（覚法法親王）
巻第五（第五世）紫金台寺御室（覚性法親王）・巻第六（第七世）御高野御室（道法法親王）
一世ごとに一巻作成され、いずれも御室の略伝、御修法法事、御堂供養事、灌頂事、その他の供養や御参詣、御入滅、灌頂弟子などについて記されています。特に法会の記録や場所なども記されていることから、当時の仁和寺の御室の歴史を知る上で、とても重要なものです。
特に巻第一は宇多法皇と、法皇が法を授けた寛空他二名の記録が含まれています。残念なことに第一紙、第二紙の間に数枚失われていますが、一部は教王護国寺（東寺）本により補うことができます。巻二の性信親王部分も前半部が失われているため御堂供養事から始まりますが、性信親王は病気平癒などで孔雀経法や愛染王法を修し、その効果は素晴らしかったと言われています。特に、孔雀経法は二一度も修したことが記されています。
また六巻のうち、巻一・巻三は墨で書かれた界線があり筆跡も同じですが、他の四巻はすべて筆跡が異なること、紙の大きさや奥書の有無などから、それぞれ別に伝来していたものが後に一つに集められ、仕立てられたと考えられています。しかし現存する最古の御室相承記として、国宝に指定されています。
宇多法皇が残した法流が歴代御室に伝わる様子がわかり、仁和寺にとって、とても大事な記録と言えます。

（第 26 帖・表紙）

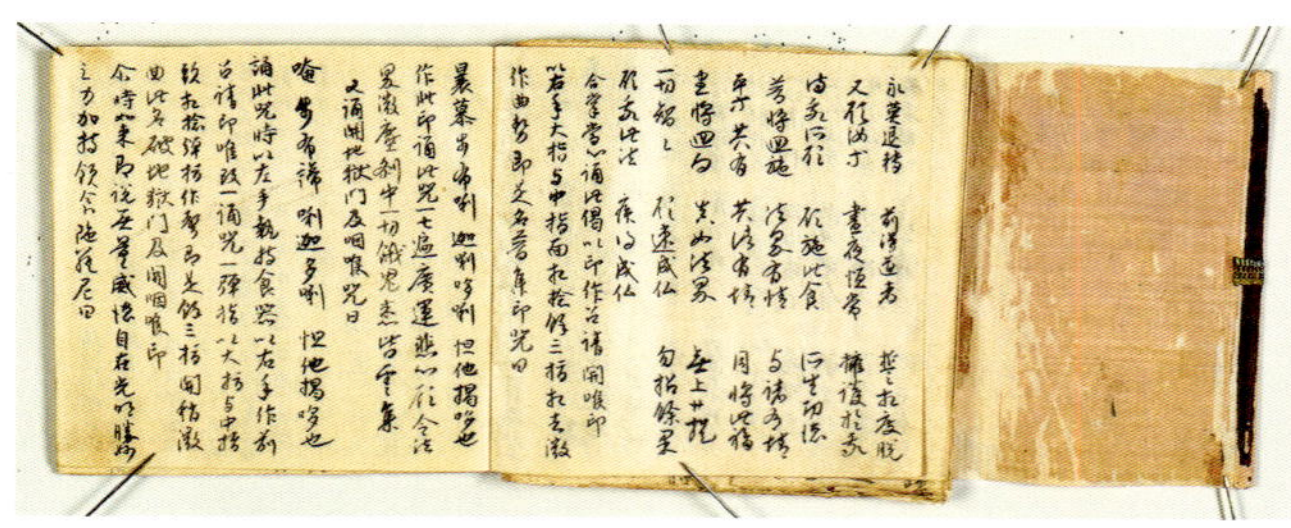

（第 26 帖・空海筆部分）

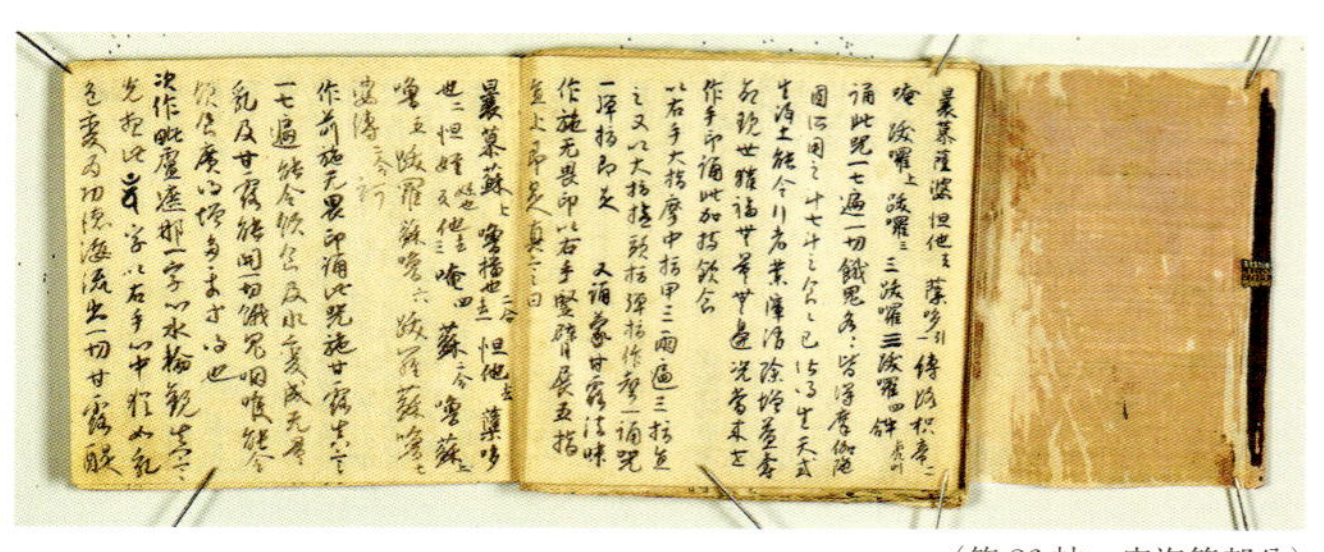

（第 26 帖・空海筆部分）

国宝「三十帖冊子」

弘法大師空海（七七四～八三五年）が延暦二三年（八〇四年）から大同元年（八〇六年）にかけて遣唐使として唐に渡り、在唐中に書写した経典や儀軌、梵字などを収めたもの。書写に関わった人は、空海をはじめ唐の写経生や橘逸勢（たちばなのはやなり）も含まれていると言われている。現在三十帖あることから、この名がある。

「弘法大師像」

弘法大師を宗祖とする仁和寺では、大師の肖像画を複数所蔵する。本図は真言八祖像に基づく画で、法衣である偏衫(へんさん)を着け、左肩から袈裟を掛け、右手は五鈷杵、左手に念珠を持ち、背もたれのない牀坐(しょうざ)に坐る姿を描く。牀坐の下には木履(きぐつ)と水瓶を置く。伝法灌頂の際に用いられる重要な肖像画である。

空海の思いを伝える国宝「三十帖冊子」

「三十帖冊子」とは、弘法大師空海(七七四〜八三五年)が延暦二三年(八〇四年)から大同元年(八〇六年)にかけて遣唐使として唐に渡った折に、書写した経典や儀軌、梵字などを収めたものです。書写にかかわった人は、空海をはじめ唐の写経生や橘逸勢も含まれていると言われています。

本文は楷・行・草の各書体を交え綿密に書写されていますが、空海の自筆部分はおおむね行書体で書かれているのが特徴です。そして三〇帖のうち、第十四帖の帖末部分には空海自筆の目録が残されています。そこには経典名と数が記されており、当時の空海がどのような経典を日本に持ち帰りたかったのかがわかるようになっています。

三十帖冊子は、空海が入定された後、しばらくは東寺に置かれ秘蔵されていましたが、貞観一八年(八七六年)に弟子の真然が借用し、高野山で所蔵されることになります。借用した時、すでに数冊減り、三〇帖だったようです。その後、高野山と東寺を行き来し守られてきましたが、醍醐天皇が冊子の散逸を憂い、勅令により収集、さらには冊子を収める蒔絵の箱、宝相華迦陵頻伽蒔絵塼冊子箱も作られました。そうして延喜一九年（九一九年）に一一月二日、三十帖冊子は東寺に戻ることになります。長和二年（一〇一三年）禅林寺の僧正などが冊子を確認した記録がありますが、治安二年（一〇二二年）になって第二十八帖すべてと、第二十七帖ほかの一部が紛失したことが確認されました。そのような中、承久二年（一二二〇年）には行宴が冊子の伝来を「三十帖策子々細」としてまとめています。

文治二年（一一八六年）、仁和寺第六世であった守覚法親王が東寺から三十帖冊子を借覧し、仁和寺の院家である大聖院の経蔵に移したのです。それから今日まで仁和寺で大事にされ、一帖も欠けることなく伝承されてきました。現在三十帖冊子は宝相華迦陵頻伽蒔絵塼冊子箱とともに、国宝の指定を受けています。さらには、第十四帖の目録に書かれていたものの、散逸されたと思われていた十地経・十力経・廻向輪経（全一帖）も禅林寺に所蔵されていることがわかり、後に仁和寺に移され、こちらも三十帖冊子とともに、今日まで大事に伝えられてきました。

冊子の特徴として、大きさは一定していないものの、いずれも粘葉装（でっちょうそう）と呼ばれる冊子を表紙全体で包む体裁であり、とてもめずらしい姿をしています。これらは最古の粘葉装冊子本と考えられています。加えて濃紫の絹が貼られた表紙や巻紐も当初の姿を残しているため、一二〇〇年前の姿を現在にも伝えています。

空海が残した三十帖冊子は、空海の入唐時代を知るだけでなく、歴史的にも真言宗の至宝ともいえる冊子です。

「孔雀明王像」

孔雀経法は仁和寺では第二世性信親王（一〇〇五〜八五年）が得意としたこともあり、以降孔雀経法は仁和寺が中心となって修法された。仁和寺所蔵の孔雀明王像には三面六臂のものが知られているが、本図は一面四臂像で、手には右手に開蓮華と倶縁果、左手に孔雀の尾羽、吉祥果を持つ。もとは仁和寺の院家、真光院に伝来したもの。

「孔雀明王像」

仁和寺には北宋時代、三面六臂像の孔雀明王像が知られているが、本図はこの孔雀明王像を写したもの。一見すると構図が変わらないことから、北宋本と同様に見えるが、実際には三面であるはずの顔を一面だけにし、六臂を四臂にかえて、一般的な一面四臂の像として完成させている。

国宝「孔雀明王像」

孔雀明王を本尊とする修法、孔雀経法は産生祈願をはじめ除病延命、祈雨や天災回避などの目的で行われた。本画は重層的な彩雲を背景に、孔雀に乗った明王がまさに今、地上に降り立った姿を描く。多くの孔雀明王像は顔が一面、腕が四本とする一面四臂像であるが、本画は顔が三面、腕が六臂の三面六臂で描かれている。

皇室との深いご縁

仁和寺は第一世宇多法皇から第三十世純仁法親王まで約一〇〇〇年にわたり主に皇子、皇孫が住職を務めた門跡寺院です。そして住職は第二世から第三十世のうち、天皇の猶子も含めると、一九人までもが天皇の子が仁和寺の住職となっています。宮家から入寺された方も含めると、第十世法助（開田准后）を除き、全員が天皇家もしくは宮家から入寺された方ばかりであり、複数ある門跡寺院の中でも特別な寺院であったことは間違いないように思います。

第十世法助は、父が左大臣九条道家（一一九三〜一二五二年）、母が太政大臣西園寺公経の娘、綸子（一一九二〜一二五一年）であり、当時の公家としては最も活躍した家から入寺しています。皇族でない僧で、初めて仁和寺の門跡、そして准后の位を得た僧侶と言われていますが、時代背景を考えると仁和寺の住職としてとても相応しい人物であったようです。

仁和寺には天皇の直筆である宸翰をはじめ、下賜された建造物や宝物も多く残されています。その中でも現存する最古の紫宸殿の遺構として知られている金堂は、後水尾上皇（一五九六〜

一六八〇年）より第二十一世覚深法親王に下賜されたものです。
覚深法親王は、かつて豊臣秀吉の奏請によって皇太子と定められましたが、徳川の世となったこともあり、皇太子を皇弟である政仁親王（後水尾天皇）に譲り、仁和寺に入室した親王でした。こうした背景もあり、寛永年間の内裏造営計画に際し、慶長年間に造営された内裏の移転先として、後水尾上皇は紫宸殿の他に清涼殿（現・御影堂）や御常御殿（明治二〇年〈一八八七年〉焼失）、台所門（現・本坊表門）など、内裏の中心的な殿舎を仁和寺に下賜することを決めたのです。皇兄、覚深法親王に対する上皇の思いが、現在も仁和寺に残されているのです。

よって、応仁二年（一四六八年）九月に応仁の乱により焼失した仁和寺境内は、寛永一七年（一六四〇年）から再建が始まり、正保四年（一六四七年）に完成、ようやく落ち着きを取り戻しました。しかし仁和寺の再興に尽力された覚深法親王は、その翌年に崩御されます。法親王は幕府に揺さぶられながらも、仁和寺と天皇家をつないだ門跡と言えるのではないでしょうか。

万治四年（一六六一年）、境内ではすでに桜の花見の記録を見ることができ、それは現在の御室桜の原形と考えられています。そしてこの御室桜を後水尾法皇が愛でた記録が坊官の日誌『御室御記』に記されています。そこには、三月二三日に法皇が桜を御覧になるため行幸されたとあります。翌年の二月晦日には、大名である牧野佐渡守親成（一六〇七〜七七年）も花見に来ています。御室桜は天皇家や大名などが観桜に訪れるほど素晴らしい桜であり、そこには仁和寺とさまざまな人たちをつなぐ場であったようにも思います。

仁和寺には、百十一代後西天皇（一六三八〜八五年）や百十二代霊元天皇（一六五四〜一七三二

年）などの和歌懐紙が残されています。これは、宇多法皇や守覚法親王も和歌の名手であったこと、第二十八世深仁（しんにん）法親王（一七五九～一八〇七年）や、第二十九世済仁（さいにん）法親王（一七九七～一八四七年）の和歌や手習いなども多く残されていることから、宮廷文化が寺内にも伝わり、日々の行法以外に、文化継承に日々研鑽を積んでいたことがわかります。

御殿内の北庭には、百十九代光格天皇（一七七一～一八四〇年）自愛の茶室とされる飛濤亭（ひとうてい）も現存しており、深仁法親王が天皇の皇兄、済仁法親王が猶子であることから建立されたと言われています。飛濤亭の特徴として、躙口（にじりくち）のかわりに貴人口が設けられています。これが天皇自愛の茶室の所以と言われています。こういった仁和寺建造物のそこかしこに天皇家との関係を感じることができるのではないでしょうか。

しかし江戸の再興から二二〇年、幕末から明治維新にかけての動乱は、仁和寺も逃れることはできませんでした。慶応三年（一八六七年）一二月、第三十世純仁法親王（一八四六～一九〇三年）に復飾の命が下り、法親王は還俗され仁和寺宮嘉彰（よしあき）親王となります。よって第三十一世は、仁和寺を支えていた院家 皆明寺の住職であった冷泉照道（?～一八七九年）が選出されました。初めて院家から仁和寺住職が誕生したことになります。しかしこれは皇室出身者が仁和寺の住職となる歴史が終わったことを意味することになります。さらには院家の退廃があり、寺院組織の再編を余儀なくされます。

落ち着きが見え始めたのは昭和二一年（一九四六年）で、この年仁和寺は真言宗御室派の総本山となり、現在も広沢の法流を継承すべく、約八〇〇の御室派寺院と共に歩んでいます。

明治維新の後、明治一六年(一八八三年)に、仁和寺宮嘉彰親王から改称された小松宮彰仁親王(純仁法親王)は、仁和寺の復興のために仁和会を創立して総裁となられました。この仁和会は現在も仁和寺の護持を目的とした団体として活動しており、小松宮殿下の、仁和寺を離れられても仁和寺を思う気持ちが形となって残されているように思います。

さらに昭和五五年(一九八〇年)五月、高松宮殿下の思し召しにより、高松宮家の葉山の御別邸を仁和寺に下賜されました。これが現在の高松宮記念書院であり、現在も門跡の客間として使用されています。

このように、皇室との関係を挙げると、宸翰といった天皇の御手にかかるもの以外にも沢山残されていることがわかるのではないでしょうか。そしてこれらを守り伝えることが、改めて私たちの使命だと考えています。

「両界曼荼羅」

(右) 胎蔵曼荼羅 (左) 金剛界曼荼羅。中央の大日如来を中心に、その周囲に多数の仏が描かれている。もともと時代も地域も別々に成立した二つの経典、『大日経』と『金剛頂経』に基づいてそれぞれが用いられていたが、後に『大日経』『金剛頂経』は二つ一組という思想が生まれ、現在の真言密教では、修法の道場空間に胎蔵 (界) 曼荼羅と金剛界曼荼羅を対として荘厳 (しょうごん) されている。

「童子経曼荼羅」

（右）『仏説護諸童子陀羅尼経（護諸童子経）』に基づいて行われる修法の際に用いられる仏画。この修法は幼児を病気や怪我から守るために修法されてきた。特徴的なのは、磐座に座る一面四臂の不動明王が画面中央に、本来本尊とされる栴檀乾闥婆（せんだんけんだつば）を、不動明王の下部、向かって左に描いていること。さらに鬼神たちの首を刺した戟（げき）を持つ栴檀乾闥婆の右には鵞鳥に乗る梵天を描くという珍しい図様です。さらにその周囲には『諸護童子経』に説かれる幼児を害する十五鬼神が描かれている。

「尊勝曼荼羅（善無畏訳『尊勝仏頂修瑜伽法儀軌』）」

（左）二巻に基づいており、密教修法の一つ、尊勝法の本尊として用いられる。この修法は除災、増益、滅罪のためなどに執り行われ、信仰されていた。画は大円相の内側を三鈷杵などの法具で九つに分け、中央に金剛界大日如来、その周囲に八大仏頂が描かれている。画面の下部、向かって左には三角形に不動明王、向かって右には半円形に降三世明王を、画面の上部、左右には須陀会天を表しており、尊勝曼荼羅の中では、典型的な図様と言われている。

仁和寺という小宇宙

真言密教の世界には「宇宙」という言葉があります。これは、天体学で使われている「宇宙」の意味とは異なり、真言密教の真髄を表すものです。

この世にあるものはすべて何かの意思に基づいて作られており、それぞれが調和を保ちながら活動している宇宙である。その活力の源でありまたそれら宇宙の根本原理そのものであるのが大日如来である――。これが、真言密教の説く「宇宙の真理」です。

この教えの中では、存在するもの、生きとし生けるもののすべてに価値があり、意味や理由があってそれぞれそこに存在している、としています。草も木も蝶も鳥も人間も、どんなものにも価値があって、その瞬間瞬間にはどれが欠けてもいけない、ということです。

すべてが調和する大宇宙の中で、草も木も蝶も鳥も人間も、生き物の細胞や大きな大陸すらも、どれも大宇宙の一部である「小宇宙」です。仁和寺を訪れた方々が、よくこうおっしゃってくださいます。

「仁和寺は、お堂も伽藍も庭園の植物も、境内にあるものはどれも無駄なものが一つもないですね」

そのお言葉を聞く時、私の胸に大日如来の説く「小宇宙」の文字が思い浮かびます。金堂も観音堂も五重塔などの国宝や重要文化財はもちろんのこと、御室桜も、地面に生える草木の一本まででもが、それぞれに「小宇宙」としてそこに存在していて、そうしてそれらすべてが合わさったものが、仁和寺という「小宇宙」なのです。

宇宙に存在するすべてのものに価値があると大日如来は説きますが、私は「価値」を「役割」と言い換えることもできるだろうと思っております。生きとし生けるもの、存在するすべてのものに、それぞれの役割があって、その場所に芽吹いたり建てられたりしているのだと……。金堂には金堂の価値があり、観音堂には観音堂の役割があるわけです。

これは人間社会でも同じで、誰もが、何かの意味があって命をいただいて、この世に生まれてきています。個々それぞれが価値を持っていて、それをお互いに認め合いながら人間として触れ合う。「他を生かし、その中で自分も成長しながら生きて行く」とでも言えるでしょうか。

このように、言葉にして説明すると長くなってしまうものを、わかりやすく、伝わりやすく絵で表したものが曼荼羅です。あらゆるものが、優しさや思いやり、包容力などでつながり合っていて、それらが絶妙とも言える美しいバランスで調和している大宇宙の姿——。曼荼羅の図はそういったものを表しています。

仁和寺の長く続く参道を、別名「浄心の参道」と言います。そこを歩くうちに心が浄められる参道、ということですが、先の「仁和寺には無駄なものが何一つない」という言葉を思い出しながらその参道を歩いていると、脇の庭に生える草や木の枝から光や輝きのようなものが見えてきます。仁和寺という小宇宙は、そういった無数の小宇宙の存在や営みによって命を得て、生かされているのです。

仁和寺に来られた時には、浄心の参道の砂利を踏みながら、眼前に大きく広がる「仁和寺という小宇宙」についても思いを馳せてみてください。それを思った時、あなたの魂は、仁和寺に広く遍在している〝御仏の慈悲心〟に包まれることでしょう。

第五章
書道と
御室流華道

書道と仏道

紙などに揮毫を求められた時、私はよく、「和」という字と「福」という字を選びます。いつ頃からそうするようになったのかはよく覚えていませんが、少なくともここ十数年、そうしています。揮毫のみならず、自分一人でやる独習の書にしても、文机の前に座ってこの「和」という字を筆で書く時、私は、不思議と落ち着いた気持ちになります。それはまるで、「和」という字に、人を平安にさせる何かの力が宿っているかのようです。

さらに書を求められ、「福」という字を書く時、私はいつも、「何とバランスの取れた美しい字なんだろう」と、文字そのものに感心しています。その方の幸せの祈りながら思いをこめて書くのですが、書いている私も幸せな気持ちをおすそ分けされたような気がします。

揮毫した書を差し上げると、わりあいと多くの方が私の字を褒めてくださいますが、実は私は、子供の頃から青年期まで、書道というのが大の苦手で、お世辞にも褒められないような字ばかり書いていました。

高野山大学を卒業し、愛媛県西条市の実家に帰って来て、父の跡を継いで王至森寺の〝駆け出し住職〟となって過ごしていたある日、当時まだ存命だった父から、「お前の書いた書を見せてみろ」と言われました。参ったなぁと思いつつ、仰向けに横たわる父に見えるよう、中空で私の書いた書を広げると、父は、眉間に皺を寄せてこう言いました。

「うーん、この字はひどいなぁ。坊主は字を書くことが多いから、お前、明日からでもすぐに、書道を習いに行きなさい」

父にそう言わせるほど当時の私の字はひどかった、要はヘタクソだったということですね。それで早速、同じ西条市内に住んでいらした書の先生を紹介してもらい、通い始めるようになります。そこには、週に一度、五年間通い続けました。自宅の寺でも、先生から教わってきたことの復習として、一人文机に向かい、書道用半紙の白い部分がなくなるくらいまで、何枚も何枚も書き続けました。

そうしているうち、当初は、苦手だな、早く上手になりたいなと気ばかり逸っていたのが、いつの間にか、静かに落ち着いた気持ちになって筆を動かせるようになってきたのです。何度も何度も字を書き続けているうちに、書に対する雑念とでもいうものが消え、書の世界に集中し、ひたすら没頭できるようになっていました。

やがて教師であった書の名人から、微笑みを浮かべながら、「あなたの字は本当によくなった。もうお父さまから『ひどい字だ』と言われることもないでしょう」と言われるようになり、そしてその頃から私は、「書を書く」ということが好きになっていったのでした。

「福」

令和の世に、多くの福が人々もたらされることを願って揮毫
（第五十一世門跡　瀬川大秀　筆）

「寿海」

観音菩薩から賜る福寿は果てしない海のように豊かであり、その感謝をこめて揮毫（第五十一世門跡　瀬川大秀　筆）

書に真剣に取り組み、精神を筆先に集中させせると、雑念は消えていきます。それはどこか、お経を唱えて祈り続けるという行為に相通じる世界観があります。自らの心の有り様が、文字や読経の声として反映されてしまうようなところも一緒です。「書を書く」という行為はつまり、書く文字に対して、心や祈りを捧げているのです。

書に親しむようになると、字を書くばかりでなく、書の好きな方や書家の方とお会いして「書について語り合う」という楽しみ方も生まれてきます。そこには、書の道を志す者同士の勉強の場というだけでなく、名画や音楽のように、共に鑑賞して愛でる楽しさもあります。

そうした方々と話すようになってわかったのは、「どんな名人であろうと、最初から達者上手ではなかった」ということでした。始める年齢の差はあれ、誰もが、何千字も何万字も書を書き、そうしてようやく名人と呼ばれるようになっていったのです。

心に安らぎをもたらす「和」や「福」という文字を書くたびに、令和という新しい時代が、「和」という文字の意味そのままに平和な時代であれ、人々が「幸福」に暮らせる世でありますように……と祈っています。

それが、仁「和」寺の願いです。

寿海

揮毫を求められた時、「和」と「福」という字をよく選ぶという話はすでに書きましたが、「できたら二文字で」と言われた場合には、私は「寿海」という言葉を好んで選びます。

この「寿海」という言葉の意味とは何でしょうか。これは、「福聚海無量」という観音経にある句がその起源とされています。正確に記せば、そこにはこのように書かれてあります。

〈具一切功徳　慈眼視衆生　福聚海無量　是故應頂禮〉

これを現代語に訳すと、次のような意味になります。

「観音菩薩は一切の功徳を持ち、慈悲の眼をもってすべてのもの＝衆生をご覧になり、一切の衆生を救済済度されようとしている。観音菩薩は、大海のように無量無限の福徳を我々にくださる。ゆえに我々は信心を発して信仰に励むべきである」

要は、〝海のように無限に福を下さる観音菩薩を信仰しましょう〟ということです。

そしてあえて、おめでたさを強調するために、「聚」に「寿」という字を当てたのがこの「寿海」

という文字です。

本来の意味としては、「観音菩薩が賜る福聚(寿)が海のようにある」ということですが、私はそこに、個人的に、「仏様が海のようにおられ、慈悲が波のように押し寄せる」という意味を見出しております。つまりは、「頭を垂れて仏様に祈る時、そこがどこであろうとも、そこにはいつも仏様がいる」ということです。

福や寿は海の波のように無限にあり、そして仏様はいつだってあなたのそばにいる――。そんな縁起の良さから、私はこの「寿海」という字が好きなのです。

筆文字でなくとも、サインペンでもボールペンでもいいから、あなたも一度、この「寿海」という字を書いてみてください。ほら、何となく幸せに満ちた気持ちになってきませんか?


もうひとつ私の好きな言葉が「聲(こえ)を聆(き)いて意(こころ)を知る」です。

この言葉は一を聞いて十を覚(さと)るという意です。

聆の令は「神意を聴く」の意味であり、耳を近づけて聞くことを意味します。

私も若きころ、よく師匠から、相手が何を言っているのか良く理解してから行動しなさいと注意をされましたが、できるようでなかなかできないことです。

物言わぬ花の気配や変化に耳をすますほどに、常に謙虚で慎重でありたい、そして人と接するときには常に相手へ細やかな気配りや適度な緊張感をもって接すべきであることを諭していると思います。

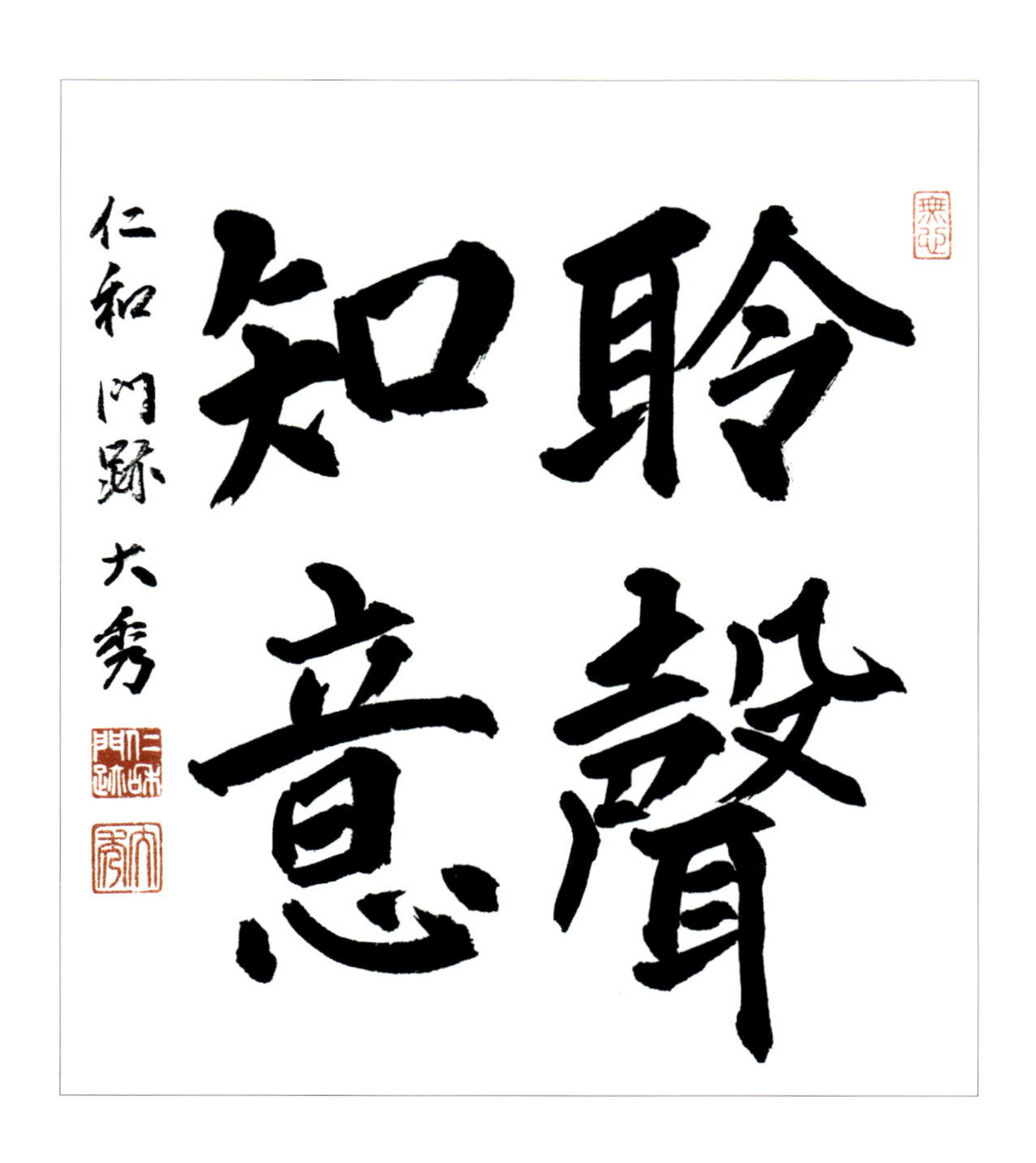

「聲（こえ）を聆（き）いて意（こころ）を知る」

「この言葉は一を聞いて十を覚るという意です。聆の令は『神意を聴く』の意味であり、耳を近づけて聞くことを意味します。花は千差万別であり、各々が刻々と姿を変えていきます。声は出しませんが、わずかずつの変化で時空の移り変わりを教えてくれています。まず心を落ち着かせて花の気配を感じとれるようになり、明日と言わないで今から行動することが『一を聞いて十を覚る』ための実践ではないでしょうか」（第五十一世門跡　瀬川大秀）

御室流華道

仁和寺は、真言宗御室派の総本山であると同時に、「御室流」と呼ばれる華道の家元でもあります。そしてその流祖と仰ぐのは、仁和寺を創建された初代門跡であられる、宇多法皇です。

御室流のいけばなは、主に次の三つに分類されます。
①〝伝花〟と呼ばれる古典的な技法を受け継ぐ「生花」。
②その時代に調和し、現代感覚あふれる花を探求する「自由花」。
③既成概念にとらわれない新しい表現を目指す「創作花」。
この中で特に御室流の思想が端的に表れているのが「生花」で、その根底には、弘法大師(空海)が説いた真言密教の教えがあります。

その教えによれば、生花には、宇宙の真理を顕わす「三大花(さんだいか)」と呼ばれるものが存在しており、三大花とは、真言密教に説かれる「体」「相」「用」のことを意味しています。

「体」とは、宇宙一切の本体、すなわち〝根源〟ということ。「相」とは、宇宙一切の相好、すなわち〝姿・かお・かたち〟。「用」とは、宇宙一切の作用、すなわち〝動きや働き〟のこと。それぞれに意味があり、これら三つの「格」を備えている御室流のいけばなは、「花を通して人々に仏教の教えを伝える」ということをその目的としています。

いけばなの世界では、その作品を構成する主な役割をする枝のことを「役枝（やくえだ）」と呼びますが、御室流では、作品の主要な三本の枝を「三大格」と呼びます。それは前述した「三大花」と重なって、すなわち、「体」の格、「相」の格、「用」の格ということになります。

いけばなは立体芸術で、高さ、幅、奥行きの三次元で成り立っているので、御室流の三大格とは、「体」＝高さ、「相」＝幅、「用」＝奥行きを表す枝先とも言えるでしょう。つまり、この三つの格の調和が失われると、いけばなの作品としての美しさが損なわれることになってしまうのです。

御室流では、家元である仁和寺において、毎年恒例の儀式として、一月に生初式（いけぞめしき）、五月に流祖奉献全国挿花大会を開催しています。いずれも御殿内の宸殿で行われ、生初式では稚松（わかまつ）を、流祖奉献全国挿花大会とは桜の生花をいけ、流祖である宇多法皇に献華しています。流祖奉献全国挿花大会とは、全国から御室流の門人が集い、御殿の書院などに約一七〇瓶のいけばなを展示し、日ごろの研鑽の成果を発表する大会です。また大会期間中には、金剛華菩薩前で、花を供養する「華供養会」が執り行われ、御室流門人の方や花に携わるご職業の方々が参拝されています。

生花

写真は、稚松（わかまつ）の生花で、一番高い役枝が「体」、中ほどの左に張っている役枝が「相」、一番低い右手前に出ている役枝が「用」である。

稚松の生花には七五三（しめ）の伝があり、松の本数や若芽の数、水引の本数などを七五三に揃えていけあげる大変縁起の良いいけ方で、正月など寿ぎの花として、生初式でも流祖へ献華される。

流祖奉献全国挿花大会

献華する御室流門人（仁和寺宸殿にて）

毎年五月の中頃に開催される挿花大会は令和元年で第一〇三回を迎えた伝統ある行事で、二日間にわたる大会中は、家元巡覧、献華式、親授式、華供養会、閉会式と沢山の式典が催行される。なかでも献華式は御室流の各支部から選出された代表者が装束に身を包み、一対の桜を流祖宇多（寛平）法皇に献上する大会の主となる式典である。

御所車

御所車とは牛車の俗称で、応仁の乱以後、禁中の大儀などだけに用いられるようになったところからこの名で呼ばれる。かつて仁和寺は華道総司庁として一一の流派に御流を認め、それらが統合され「旧御室御所御流」（＝昭和 23 年に御室流に改称）となった。多種多様の花器の中でもこの御所車を花器として使用するのは「御室流」華道に属する流派である。

第六章

祈りの日々、徒然なるままに

勅使門

仁和寺には、普段は人がくぐることのできない、特別な〈門〉があります。それが「勅使門」です。

仁和寺は、仁和四年（八八八年）に、宇多天皇により建立されました。宇多天皇は、退位後、仁和寺に住持され、仁和寺の初代門跡となられましたが、それ以降、第三十世の純仁法親王に至るまで、千年近くの間、仁和寺の門跡には、皇子・皇孫など、皇族がその任に就いていています。

創始者が時の天皇陛下。歴代の天皇陛下が退位されて、上皇になられた後、仁和寺に於いて、法皇となられる場所――。そういった歴史だけでも、仁和寺と皇室との結びつきの強さがお分かりいただけると思います。

勅使門とは、天皇をはじめ、仁和寺を訪れた皇族の皆さまが通られる、〝皇族専用の門〟であり、ゆえに、普段は木の柵が設けられて、通れないようになっています。一般の方だけでなく、仁和寺の僧侶ですらくぐれない特別な門。それが、仁和寺の千年の歴史の中で成立した決まり事であり、また格式でもあるわけです。

古より天皇と皇族のみが通ることが許された門。雅やかな装飾も美しい

月夜に照らされ、ライトアップされた門は、静寂の中で荘厳なたたずまい

天皇が仁和寺で法皇となられれば、そこを法皇のご兄弟たちが訪ねて来られることもあったでしょう。そういった際に、皇族やお付きの方々が通られるのが勅使門なのです。

天皇が法皇になられた後、仁和寺で何をされていたかといえば、それは「祈ること」でした。自らが祈ることを仏教用語で「自行」と呼びますが、歴代の門跡たちは皆この「自行」をされて、ひたすら祈り続けていました。祈りの内容としては、天下泰平であり、国の安寧であり、民の幸福であったことでしょう。そしてその祈りの場が、三七三年ぶりに修理された観音堂だったのです。

宇多法皇は、出家されたばかりの頃に、「災害、天変地異も私の責任。人が悪事を働くのもすべて君主のせい」といった意味のことを書き残されています。自然が起こす災害も、人の行う悪事もなすこともすべては自分の責任。だから自分は、仁和寺において、仏の子となって善を修す——。そのようにも書かれています。

この「善を修す」というのは、「良いことをして人助けをする」というよりも、「人の幸せのため、他を利するためにただひたすら念じ、祈る」ということで、これは、弘法大師の教えでもあります。すなわち宇多法皇は、仁和寺において、弘法大師のお弟子さんになった、ということなのです。

平成三〇年(二〇一八年)一〇月一一日に執り行われた、私が仁和寺第五十一世門跡に就任する際の儀式『晋山式』は、普段は開くことのないこの勅使門をくぐることから始まりました。勅使門は、明治二〇年(一八八七年)に焼失した後、大正三年(一九一四年)に、京都府技師・亀岡末吉によって再建されたものです。その欄干には、鳳凰、牡丹唐草といった細かな柄が、透かし彫りとして施されています。

美しい勅使門をくぐりながら私の胸に去来したもの、それは、宇多法皇をはじめ歴代の門跡がなされてきたように、「この身果つるまで、日本と仁和寺の護持のために祈り続ける」という誓いと覚悟でありました。

大嘗祭に参列して

令和元年一一月一四日　一五日に天皇が一代に一度臨まれる伝統的な皇位継承儀式（大嘗祭）の中心儀式「大嘗宮の儀」が皇居・東御苑で行われました。一三〇〇年以上続く最も重要な即位に伴う儀式であり、天皇陛下が五穀豊穣を感謝され、国と国民の安寧を祈られました。

私は大嘗祭に参列させていただくことができ、一生に一度の貴重なご縁を賜わりました。

儀式は秘事であり、当日は皇居周辺の気温は午前二時の時点で一〇・九度まで下がり、闇の中で臨まれる神秘的な幽玄の世界が、五感を通じて如実に感じられました。

一四日午後六時半頃、大嘗宮の廻立殿で白い祭服に着替えられた天皇陛下が、東の悠紀殿に向けてゆっくりと進まれ、陛下の側には、約一〇人の侍従が付き従いました。脂燭をかざす侍従、剣璽を捧持する侍従、陛下の祭服のすそを持つ侍従、陛下の頭上に鳳凰の飾りがついた菅蓋をさしかけ御綱を張る侍従、御前で葉薦を敷き、御後で葉薦を巻く侍従に付き添われて廊下を一〇分ほどかけてお進みになられました。

天皇陛下が悠紀殿にお入りになると、すぐに白い御幌が下されました。

続いて純白の十二単に身を包み、髪を古来の「おすべらかし」に結われた皇后陛下が廊下をお進みになり帳殿にお入りになりました。

秋篠宮皇嗣殿下、供奉員が小忌の幄舎に着かれると「国栖の古風」が奏され、「悠紀地方の風俗歌」が奏された後、皇后陛下が御拝礼を終えられ、帳殿を御退出になり廻立殿へお戻りになられました。神饌の行立が行われ、掌典の「オーシー」という厳粛な声がわずかに届きました。

神楽歌が始まり近くではかがり火のパチパチという音が響きました。


まさに日本の歴史の原点である、自然の恵みに感謝する心と人々の幸せを祈る大切さを認識いたしました。

儀式中は静かに座し、凜とした空気を通じて祈りの言霊が悠久の風に乗って、心の奥深く伝わるような感動を覚えました。

宮内庁からの説明によれば天皇陛下は内陣に進まれて、天照大神をはじめ八百萬神々に御親ら御飯をはじめ種々な神饌をお供えになった後、御拝礼されて御告文を読み上げられました。そして、陛下御自ら米御飯粟御飯をおとりになり召し上がられ、続いて白酒と黒酒を召し上がられ御直会を済まされました。この後悠紀殿を午後九時一五分頃御退出されゆっくりと廻立殿にお戻りになりました。

時間を置いて一五日午前零時半頃から西の主基殿供饌の儀に臨まれ、午前三時一五分頃終えられました。

内陣で儀式に臨むのは陛下と采女と呼ばれる女官だけであり、参列者は儀式を幄舎で見守りました。

毎年は一一月二三日新嘗祭として行なわれますが、即位された天皇が最初に行う際は、大嘗祭として実施します。これは飛鳥時代に始まったとされています。


その約一〇〇〇年後に、宇多法皇を開祖として仁和寺が創建されました。大嘗祭と仁和寺。共に有する千有余年の歴史に、私は思いを馳せます。

出家し、仁和寺に門跡として従事された宇多法皇は、「仏子となり善を修してあまね普く他を利する」と誓われています。宇多法皇の師である弘法大師は、「我々は全ての恩により生かされていることに感謝し互いに助け合って生きて行くところに心豊かで幸せな人生が開けてくる」と説いています。そしてそれらを説く気持ちは、大嘗祭において、五穀豊穣を感謝され、国と国民の安寧を祈られた天皇陛下のお気持ちとほぼ同じであったろうと推察いたします。

天皇陛下、宇多法皇と同じように、自分も日々の生活の中で「感謝と祈りの心」を実践して行かなければ――。

あらためて心に誓った、厳かな大嘗祭の夜でした。

得度と十善戒

私の名前は「瀬川大秀」ですが、これは得度してからいただいた僧名で、住職だった父が名付けてくれたものです。お寺の子供として生まれて、そのままそのお寺の跡継ぎになるようなことは少なくありませんから、父親から僧名を授かるケースも自然と多くなります。

僧侶にとって得度とは、最初の節目となる大事な儀式です。それは、僧侶になった証しなのではなく、「今日からお前は仏道にその人生を捧げるのだ」といった、いわば〝僧侶になる己の覚悟を仏様に捧げる儀式〟と言えるかも知れません。私が得度したのは、高野山中学から高野山高校に進学した高校二年の時でしたから、その時から私は、「瀬川憲之(本名)」から「瀬川大秀」となりました。父がなぜ「大秀」という僧名を与えたのかは、生前父から聞きそびれましたが、小学校時代あまり成績の良くなかった私に、何度も励ますように、「お前は大器晩成だから」と言ってくれていたことを思い出すと、おそらくは、「いずれ秀でるようになって、何事も受け止められる心の大きな僧侶になるように」との願いをこめていたのでは、と想像しております。

では得度式を行ない、「大秀」と名前を替えて、そこで人生観や仏教観が大きく変わったのかと言えばそんなことはなく、それまで同様、学問としての仏教を学び、読経して祈り続ける日々であることは変わりません。ただ得度式においては〈十善戒〉という僧侶としての戒めを受戒するのですが、その文言が私の心に刺さるように残りました。〈十善戒〉とは次のようなものです。

◇不殺生（ふせっしょう）むやみに生き物を傷つけない。
◇不偸盗（ふちゅうとう）盗まない。
◇不邪婬（ふじゃいん）男女の道を乱さない。
◇不妄語（ふもうご）うそをつかない。
◇不綺語（ふきご）無意味なおしゃべりをしない。
◇不悪口（ふあっく）乱暴なことばを使わない。
◇不両舌（ふりょうぜつ）筋の通らない中傷を言わない。
◇不慳貪（ふけんどん）執着をせず欲深いことをしない。
◇不瞋恚（ふしんに）怒り憎むことをしない。
◇不邪見（ふじゃけん）まちがった考え方をしない。

お釈迦様は、自らが説いた十善戒を頑なに守り、その修行の中で、断食、水絶ち、滝に打たれるような苦行や、徹底的に学問を極める修行を己に課しましたが、そのどちらでも悟りは開けませんでした。ところが修行中に訪れたある村で、スジャータという女性がお釈迦様に乳がゆを差し上げ、お釈迦様がそれを飲まれた時、お釈迦様はついに悟りを開きます。乳がゆという真心をいただき、それを施しとして受け入れた時、初めて悟りの境地に達したのです。

十善戒を説いたお釈迦様が、十善戒にはなかったもので悟りを開くというのは矛盾とも言えますが、真の悟りとはそういう矛盾の中にあったわけです。ではなぜお釈迦様は矛盾するようなことを説いたのだろうか。十善戒を意識していると、そのように、立ち止まって思考をする習慣が身に付きます。そこまで考えられてお釈迦様は十善戒を説いたのでは、と私は個人的に考えています。

得度式を終えてほぼ六〇年。果たして自分は〈十善戒〉を守れているのだろうか――。そんなことを考えながら、私は今日も仁和寺のどこかで、祈り続けています。

仁和寺と父

私が生まれて初めて「仁和寺」の話を聞いたのは、父からでした。

私は、愛媛県西条市にある王至森寺という寺の長男として生まれました。王至森寺は、真言宗御室派の末寺にあたり、その本山である仁和寺のことは、物心がつく前から、「うちの本山は京都の仁和寺」と父から聞かされていたのです。

その仁和寺を、父に手を引かれて初めて訪れたのは、私が小学三年生の頃でした。子供心に、広くてきれいなお寺やなぁと思いながら仁和寺の参道に立つ私に、父は、私に言い聞かせるかのように、「ええか、これがうちの本山の仁和寺や。よう見ておけ」と言われたのを覚えています。

そしてその翌年、私が小学四年生になった頃から、父は、四肢が麻痺する、原因も病名も不明な病を得て、それから一六年間、ずっと寝たきりの生活となってしまいました。

それ以来、私が学校から帰ると、まず父の枕元に座り、その耳元で「おとうちゃん、ただいま。今帰ったで」と父に話しかけ、それに父が、「おかえり、憲之。今日はどうやった？」と問い返すというのが毎日の習慣のようになりました。

私は、学校にいる時も、友人と遊んでいる時も、いつも必ずどこかに、「ああ、おとうちゃんは今も家で寝たまんまなんやなぁ」と思っていました。寝たきりで自由に動くことができない父に、幼い私がやってあげられることといえば、父の枕元に座って、父と会話することくらいしかありません。だから私は、家にいる時は、しょっちゅう父の枕元に座り、寝たきりの父と会話をするのを習慣のようにしていました。会話といっても、こちらはまだ小学生ですから、学校で起きたことを話してしまえばあとは専ら父の話を聞くばかりです。父がまだ幼かった頃のこと。修行時代の思い出。母と結婚して私が生まれた時のこと。お寺を支えてくださる檀家さんのこと……。

そういった話の中で、自分の病気について語ったこともありました。

「不思議なもんやなぁ。体は動かんけど、命はいただいている。体は病気で動かせんけど、でもこうして生きている。『生きる』ということは不思議なもんや」

布団に横たわって、天井を見上げた姿勢のまま、父がぽつりとそう言ったことを今もよく覚えています。そして、こう続けました。

「辛いかと聞かれたら、それは辛い。でもな、これも仏様から俺が与えられたものや。仏様から与えられたものは、どんなものでも受けないかん。それで生きていかなあかんやろ」

普通だったら、「なんで自分がこんな目に……」と、愚痴を言ったり弱音を吐いたりするところなのに、そんなことは一切言わず、「仏様から与えられたものは受けるべき」と言い切る。そんな父に対して、私は、「すごい」と思わざるを得ませんでした。

良寛和尚の遺した言葉に、「死ぬる時節には死ぬがよく候」というものがあります。意味としては、「死ぬ時が来たら死を受け入れなさい」というものですが、父の「与えられたものは受けるべき」という言葉も、良寛和尚の教えに通じるものがあるように思えました。そうです。父は、病気になって寝たきりの生活になっても、自分にそう言い聞かせつつ、勤行や修行をしていたのです。

父には、隣町のお寺で住職をされている親友の方がいて、何度も父のお見舞いにお越しくださいました。ある時、その親友の方は、父の枕元に座ると、父の顔を見ながら、こう言いました。

「何か今のあんたは、元気だった時よりも、えろうなったような気がするのう」

それは、父への励ましの言葉でもあったでしょうが、「病気で寝たきりになって、いろいろなことがわかるようになって、前よりもお坊さんらしくなった」という、その方の本心でもあったと思われます。寝たきりを強いられても、それを嘆いて悲観するのではなく、「与えられたものは受けるべき」として病を修行の糧とした父の姿勢を、その親友の方は、「えろうなった気がする」と言ったわけです。それに対して父は、微笑みまじりで、「そうかのう」とだけ言いました。

さらに、母は父の看病と寺の仕事をしながら、父が生きていることに安堵していたのでした。

私には妹と弟がおりましたが、二人は私よりも勉強ができました。周囲からもよく、妹や弟と比較されていました。けれど父だけは、私が妹や弟より勉強ができないことを責めるようなことは一切言わず、代わりによくこう言ってくれました。

「憲之（得度前の幼少時の私の名前）。お前は勉強ができんのと違う。もう少し大きゅうなったらお前も必ず勉強ができるようになる。お前は〝大器晩成型〟なんや。だからこれから頑張って勉強すればええ。頑張ってたら必ずええことがあるからな」

よくそう言って私をかばい、また励ましてくれたのを覚えています。

一六年の寝たきりの闘病生活を経て、父は、六二歳で亡くなりました。私が仁和寺の執行長や第五十一世門跡に推挙されるはるか前でした。

勉強のできなかった私を叱ったりせず、「お前は大器晩成」と言ってくれた父は今、彼岸で御仏の胸に抱かれながら、どんな風に思ってくれているでしょうか。

対話の大切さ　――布教師として――

私は、高野山大学を卒業した後は、王至森寺の住職として務めていましたが、三〇代のある時、本山・仁和寺から、愛媛県宗務支所長を任命されました。これは、愛媛県の真言宗御室派の代表者のようなものですが、そうなると仁和寺に行く回数が、それまでより格段に増えることになります。そういった立場で仁和寺の宗務所で仕事をするうち、今度は、宗会議員に推挙されることになりました。宗会議員というのは、合議制を取る仁和寺の代議員です。そして同時並行的に、本山布教師も任命されました。本山布教師とは、全国に八〇〇カ寺ある真言宗御室派のお寺を、本山の代表として布教して回るお役目のことですが、これを務めた二四年間は、その後に私が〝僧侶人生〟を歩むに際して、非常に大きな勉強となったと、今でもその重要さを実感しています。

「布教」というと、仁和寺本山を代表して、仏の教えや本山の考え方などを各地のお寺に話す、説いて回るという印象が強いと思いますが、私はむしろその逆でした。説くのではなく、各寺のご住職のお話を「聞くこと」に専心しました。

と申しますのも、お寺を回り始めてすぐに気づかされたのが、多くのご住職たちがさまざまな悩みや苦しみを抱えておられる、ということでした。住職という立場のせいか、人に相談できず、自分の内心に抱えているような方も大勢いらっしゃいました。そういうご住職たちの苦悩や苦心を聞く。それこそが布教師である私がすべきことだ——。私はそう感じました。

中には身勝手なことをおっしゃるご住職もいらっしゃいます。そういう時も、反論や批判はせず、そんな考え方もあったんやなぁ、自分は気づかなかったなぁ、と思いながら、ひたすら相手の話を聞き続けます。すると、相手の苦心や苦労がまるで自分が体験したことのように思えてきます。その共感した体験、心が通じ合ったという根本的な思いがあることによって、お寺と本山との意思疎通が図れるようになり、やがて強い信頼関係が生まれます。相手の心を実感できないところに、真の信頼関係は作り上げられません。

たとえ生き方や思想が自分と異なっていても、そこでの対話には、必ず自分にとって勉強になること、得られるものがあります。見つからなければ見つかるまで探し続けます。それでも見つからなくて、お寺を出た後も考え続けて、そして京都に戻る急行電車の中でやっと、「なるほど、あのご住職との対話の真意とはこれだったか」と思い当たったこともありました。そういった体験のすべてが、その後の私の僧侶人生の大きな支えとなってくれています。

布教というと、上から理屈で押さえ込むような印象が強いものですが、私にとっての布教とは、説くことよりもまず聞いてあげること。自らを主張するよりも、相手の感情を受け入れて共鳴してあげること。それに尽きます。それが仏の道に通じることだろうと、私は信じています。

祈るということ

私は人と話をしている時、しばしば、「祈る」という言葉を使っているようです。実家に帰って、檀家で幼馴染の友人とお酒を飲んでいるとき、酔っ払った友人がぽそりとつぶやきました。

「御門跡はさぁ、しょっちゅう『祈る』とか『祈ります』とか言うねぇ。祈ることが仕事なんだから、それは真面目で仕事熱心な証拠なんだけど……でもそう祈ってばっかりだと、疲れないかい？」

褒めているのか、からかっているのかよくわからない彼の質問は、私が自分を見つめ直すにあたって、大変興味深いものでした。寺の跡取りとして生まれた私は、日常的に〝お経の声〟を聞き続けて育ち、三歳頃から、父に言われて、意味もわからず読経の手習いのようなことをしていました。やがて高野山高校から高野山大学へと進み、卒業して寺を継いで若い住職となり、そして仁和寺の第五十一世門跡となった現在までずっと、お経を唱えて、祈り続けています。

それによって学んだことは、「祈りには多くの目的がある」ということでした。

もちろん、人々の幸福や世の平和、安らぎを願うというのが、祈りの最大の目的です。

そしてまた、私にとって祈りとは、〝懺悔の場〟でもあります。自分が犯した過ちを悔い、それを繰り返さぬようにと、祈りの中で自分を戒めるわけです。

あるいは観音堂の三七三年ぶりの修理事業を前にした時には、私自身も正直、「大丈夫か、本当にできるのか」と不安に襲われました。人間は皆、何かしらの不安を抱えているものです。祈りは、そうした不安な心を、落ち着かせ、鎮めてくれるものでもあるのです。

さらに、「両手を合わせて祈る」というのは、人間の立ち振る舞いの中で、最も美しい行為、所作であると私は思っています。「祈る」という所作をなす時、祈る人の心は浄められ、同時にそれを見た人の心をも穏やかにしてくれます。

では、七〇年以上、「祈る」ということを続けてきた私は、〝祈りの境地〟といったものに到達することができたのでしょうか。未だに辿り着けていませんし、「これが〝境地〟です」と説明することもできません。この「到達できない」「会得できない」ということを知り、それを受け止め、それでもなお「祈り続ける」というのが、悟りであり、境地なのかも知れません。

般若心経に「羯諦（ギャーテー）」という言葉があります。「羯」は〝行きなさい〟、「諦」は〝悟りの世界〟という意味ですから、「悟りの世界へ行きなさい、向かいなさい」ということなのですが、私は個人的にそこに、「永遠に」という言葉をもこめて祈っています。すなわち、「悟りの世界に向かって永遠に歩め。これで終わりというのはない」ということです。

私にとって生きるとは、「祈ること」でした。終わりのない祈りを続けて到達するのは、意味も分からずお経を読まされていた幼児の頃のような、〝無心〟に戻ることなのかも知れません。

王至森寺の火事

私の自坊である王至森寺は、舒明天皇(五九三?〜六四一年)が道後温泉へと行幸する途中、瀬戸内海で暴風雨に遭い、この時、舒明天皇ご一行が、森の中にあった寺にこもって難を避けたという故事に因んで、「王至森寺」と称するようになった、と言われています。

父が他界し、妻と結婚した翌年、今度は、王至森寺が災難に見舞われます。昭和四六年(一九七一年)の一月一七日のお昼頃、王至森寺が所有していた裏山から火が出て、それが突風に煽られ見る見るうちに山全体に火が広がりました。

消火に当たっては、地元の消防署の消防車だけでは鎮火できず、自衛隊に出動を要請し、消化のための特殊車両までが動員されるほどの大火となりました。

私もこの時初めて知ったのですが、山火事の消火の仕方というのは、水を掛けるだけではなく、木を何本も切り倒して、切り倒したところで火の勢いを止める、という方法を取ります。

寺には池がありましたから、私は、この池の水をホースで吸い上げて消火してみては? と思いつき、それを提案しましたが、集まってくれた近所の方や檀家の方が、「今は池の水は使ってはいかん」と言います。理由を尋ねると、「池の水は、お寺まで火が回ってきてお堂が焼けそうになった時に使うもの。今使ったらお堂に掛ける水がなくなってしまう」とのことでした。これは、「山が焼けるのはしょうがないが、お寺の本堂だけは焼いてはいかん」と、地元の方々がいかにお寺を大切に考えてくれているか、ということです。大変な災難の渦中にありながら、私は皆さんの寺への思いに、どこか感動していました。

結局、三日間、山は燃え続け、鎮火したのは、一月一九日の早朝でした。眠れない三日間を過ごし、大変なことになった、これからどうすればいいのか、と青ざめてお寺の境内に立ち尽くしていた私に、村の人が、何やら真っ黒な石の塊を抱えて寄って来られました。石の塊をよく見ると、それはお寺の外に立っていた観音様の石仏でした。

「和尚さん。今、火事の現場を見てきたんだけど、不思議なことが起きてましたよ。お寺の外に石仏が並んでいるでしょ。あれが全部真っ黒焦げになっているんだけど、あの石仏を境にして、そこで火が止まっているんですよ」

裏山の石仏とは、「西国三十三カ所」のお寺に点在する観音様を模して彫ったものでした。村人の話を聞いて、私は裏山に走りました。山からはまだ生木が燻(くすぶ)っている臭いがしています。そして山の斜面に並んで立っていた観音様の石仏のところに行くと、村人の言った通り、石仏の向こう側の地面は、太い木も下生えも、黒く焼け焦げていましたが、石仏のこちら側、寺に近い側の部分は、木も下生えもまったく燃えていなかったのです。

それを見た瞬間、私は、「観音様が寺を守ってくれた」という思いにとらわれ、その衝撃でしばらくそこに立ち尽くしました。山火事の火の手は、それほどきれいに、見事に、石仏のところで止まっていたのです。

山火事の消火に、寺の池の水を使っては？　という私の提案に、「あの水は、お寺の本堂が焼けた時に使うものだから、今使うのはダメだ」と言ってくださった檀家の方。そして、まるでお寺への延焼を食い止めるかのように、焼け焦げて黒くなった観音様の石仏。この二つのエピソードは、山火事という災難に見舞われ、その不運を嘆いていた私にとって、大きな〝救い〟となりました。

私の父のことを書いた稿で、良寛和尚の「死ぬる時節には死ぬがよく候」という言葉を紹介しましたが、あの言葉にはもう一つ、「災難に逢う時節には災難に逢うがよく候」という一文もありました。意味としては、「災難にあったら、嘆いたり悲しんだりせず、その災難を受け入れなさい」となるでしょう。

災難に遭遇しても、その不運をただ嘆き悲しむのではなく、その災難を受け入れるべし。そしてそこに救いの要素を見つけるべし――。王至森寺の裏山の山火事では、この良寛和尚の言葉が私の心情にピタリと当てはまりました。そしてその精神とはすなわち、御仏の教えであり、導きなのです。

災難などの不幸や不運は誰にでも起こり得るものだけれど、その時に最も大切なのは、その災難を受け止め、それを自分の魂を磨く糧とできるかどうかです。私はそれを、自分の寺の裏山の火事という災難を通じて、学ばせていただいたと思っています。

寺を守ってくれた、「西国三十三カ所」の観音石仏は、その後、寺の境内へと移すことにしました。もう二度と観音様を山火事などに遭わせてはいけないという思いと、よくぞ寺を守ってくださいましたという観音様への感謝の気持ちから、そうしたわけです。

仁和寺は、応仁の乱によって、そのほとんどの伽藍が焼失しました。だからと言うわけではありませんが、仁和寺では常に〝火の用心〟の気持ちを保ち続けています。思えばそれも、仏様の教えのひとつだったのかも知れません。

仏教のポジとネガ

「諦める」という言葉があります。願いや夢が叶わなかった時、それへの自分の思いを断ち切る、断念するような時に、「諦める」と言いますが、この「諦」という字は、仏教では、「真理」とか「道理」ということを意味しています。

「諦観」という言葉も仏教からきている言葉ですが、諦観とは、「物事の真理や本質を明らかにして見る」ということです。その結果、自分の願いを達成させられなかった理由や道理というものが見えてきて、「こうなっていたから願いが実現できなかった」と原因や因果関係が次第に明らかになって来て、「ならば仕方がない」と、その現実を納得して受け止められるようになる。それが「諦める」という言葉の本来的な意味です。

「あの人のせい(社会のせい)でこうなった」といったように、他者に原因を求めるのではなく、「自分の願い(欲望)が深すぎたから」「自分が事情や環境をちゃんと理解していなかったから」などと、自省・内省の方向に向かいます。そうすると、物事の本質や道理が理解できるようになった分だけ、願いの実現に向かって再チャレンジする際、願いが達成しやすくなります。

仏教の教えでは、ポジティブ＝前向きで楽観的な考え方と、ネガティブ＝後ろ向きで悲観的な考え方とが常に背中合わせのようにセットになって存在するもの、としています。悩みや辛さ、苦しさといったネガティブなことを否定してはおらず、むしろ、「命をいただいて生きるとは、必ず苦しみを伴うもの」と受け入れて、肯定しています。その上で、何か苦しみに遭ったならば、その苦しみの経験とその後の反省を経て、以前より賢くなって、人間としても成長して、そして向上心を持って願いや夢の実現に向けて、日々仏様と一緒に歩んでいきましょう――。そういうことを説いています。

愛する人を失って、その悲しみの底からずっと抜け出せないでいる人がいたとしましょう。「こんなことになるならば、生前もっとああしてあげればよかった」、そんな後悔の底に沈んだままのその方に、「ではまた別の大事な人に対しては、生きている時からそうしてあげるようにしましょう」と説く。後悔というネガティブから、反省というポジティブへの転換を勧める。それが「明らかにして見る」ということです。またその方は、「愛する人も、そしてこの自分も、誰もがいずれは〝死〟という別れの時を迎える」という真理を、悲しみとともに、全身全霊で知ることができました。

愛する人を失ったその方は、さまざまな悲しみや苦しみを経て、「物事の真理や本質を明らかにして見る」ことができました。さまざまなことが明らかになりました。明らかにして見て、そして諦める。それが「諦観」の境地です。

御仏と共にある

先日、故郷の愛媛から、妻や子供たち一家が仁和寺にやって来ました。私は日ごろ仁和寺境内にある宿坊に住んでいますから、家族と会うには、こうして彼らの方から仁和寺に来てもらうわけです。その時も息子に手を引かれた二歳になる孫が、会うなり私にこう尋ねてきました。「ねえねえ、おじいちゃん。〝ほとけさま〟ってどこにいるの?」。おそらくは祖母や両親から「おじいちゃんは京都の仁和寺で偉〜い仏様と一緒に暮らしているんだよ」とでも聞かされていたのでしょう。孫のその無邪気な質問は、仏門に身を捧げる私にとって、常に考えていなければ、また考えを深めていなければならない、大切な問いかけでもありました。

仏様は、木に水に、魚に鳥に、すべての生き物の中におられます。生きとし生けるものすべての中に宿ってらっしゃいます。すべての命の源であるのが仏様、ということです。ですから仁和寺のそこかしこに〝ほとけさま〟はいらっしゃいます。

あらゆるものに仏様は宿っているというのは、言い換えれば、「仏様はいつも私たちと共にいる」

ということです。さらに言うならば、同じ生き物であるあなたの中にも仏様はいらっしゃいます。命を持ってあなたが生きているというそれ自体が、「仏様と共にある」ということなのです。

生きようとする命には、常に〝欲〟が伴います。欲がなければ生きて行けないのが動物ですが、欲のままに生きることを、仏教では〝自我〟と呼びます。それに対し、「いただいた尊い命を自分ではない何かの役に立たせられないか」と考える境地を〝自覚〟と呼びます。また、自我のまま、「あれが食べたい。これが欲しい」と何でも欲しがる欲を〝小欲〟、「人の役に立ちたい」という自覚の段階に至った欲を〝大欲〟と言います。自我と自覚。小欲と大欲。こうした人間の内部での葛藤を見つめることも仏教における大切な修行の一つです。

自分も周りの人々も、皆、仏様から尊い命をいただいて生きている——。こうした自覚というのは日頃の生活の中ではなかなか実感できませんが、病気をした時や思わぬ災害にあった時などには、「普通に健康に生活できる」というその有難さや尊さに気づくことができます。

大病を患い、闘病生活を経て回復された方々の、「まず何よりも健康第一」という言葉に重みが出るのも、その方が闘病生活を通して何らかの発見ができたからでしょう。健康であることの尊さに気づいたその方は、「今日も一日健康で過ごせた」ということに、毎日感謝するようになるし、その気持ちがすなわち、〝仏様への感謝〟であるかもしれません。

金堂の前に来た孫も、見よう見まねで手を合わせています。この子が合掌する金堂だけでなく、仁和寺のあらゆるものの中に仏様はいらっしゃいます。仁和寺を訪れるということは、あらゆる場所に宿っておられる仏様に包まれる、ということです。

蓮の花

ある寺へ行くと、そこの境内にあった池に、白い蓮の花が咲いていました。

蓮の花と仏教とは深い結びつきがあります。仁和寺にある仏像の多くは、蓮を模した台座に座っておられますが、この台座を「蓮華座」と呼びますし、また密教において瞑想修行する際、曲げた足を逆の足の太ももに乗せる座り方のことも「蓮華座」と言います(「結跏趺坐」とも言います)。

なぜ仏教が蓮の花を重要視しているのかといえば、それは、仏様の教えの中に、「蓮の花の咲き方が人間の生き方を表す」といった意味のことが説かれているからです。咲けば美しい蓮の花ですが、それが咲いている下は泥沼です。澄んだ水や整った土壌では、蓮の花は咲かずに枯れてしまいます。美しい花の下に、泥沼が隠れている。それはすなわち、清らかに生きているように見える人でも、その内面には、泥沼のように濁って辛いことを抱えていて、そしてその濁った泥沼があるからこそ、美しく清らかに咲くことができる——。そのような意味のことを仏様は説いています。

また真言宗の開祖である弘法大師空海は、般若心経の注釈書である『般若心経秘鍵（はんにゃしんきょうひけん）』という書物の中でこのような言葉を記されています。

〈蓮（はちす）を観（かん）じて自浄を知り、菓（このみ）を見て心徳を覚（さと）る〉

現代語に訳すと、「蓮の花を見て、自分の心が本来清らかであることを知り、その実を見ると、心に徳が備わる可能性に気づく」となります。

　蓮の花を見れば、泥沼で育ちながらも、泥の色には染まらないでいることがわかる。それは、私たち人間が、周囲の環境が汚れていても、それに染まることなく、清い心でいられる、ということを表している。また、蓮の実を見れば、私たち人間の中にも、〝さとりの実〟があると知ることができる――。より言葉を足すとすれば、こういった意味になるでしょう。

私は、蓮の花の咲く泥沼を、「人生における逆境」とも考えています。なかなか花が開かない辛い時期。その泥沼にいて、悩み考えるうちに、「自分は生かされている」ということに目覚めます。同時に、自分が今いる泥沼も、その周りにあるすべての生き物も、すべてが「生かされている命」ということに気づきます。この共有感が信仰であり、それに気づくことがすなわち、「生きるためのヒント」となっていきます。

　この「生かされている」ということに私たちはなかなか気づけません。けれどある時、「何か」がそれを気づかせてくれます。それは自分が患った病気かも知れないし、愛する人との死別の悲しみかもしれません。そんな辛さや悲しさを、「そういうものなのだ」と受け入れた時には、まるで背中の重荷を降ろしたように心がホッとします。そこで私たちは、「燦燦（さんさん）と輝くお慈悲の力で、あらゆるすべてのおかげで自分は生かされている」と気づけるようになります。すると今度は、生かされている自分の命に対し、「ありがとう」と感謝できるようになり、心豊かな人生を歩むことができるようになります。「生かされている命」と気づくことは、あなたの人生やあなたの心の中の〝道しるべ〟となります。

もし人生の苦しみが、幸せになるための媒介であるならば、「生かされている」というお慈悲を素直に受け入れ、さらに「ありがとう」と念ずれば、必ず人生に花を咲かせられます。そこでは、苦しみも悲しみも幸せも、すべてが〝生きるための宝〟となることでしょう。

生かされていることへの感謝を表わす時、僧侶は手を合わせて合掌をし、ただひたすら、「ありがたい」と念じます。それが私たちにとっての〝信仰〟なのです。

お寺の池に咲く蓮の、その葉の上に乗っていた水滴を手のひらにいただき、それをお寺の仏前に供えると、仏様から、「お前の人生なんて儚いものだ。だからこそ命を輝かせて精いっぱい生きなさい」という声が聞こえたような気がしました。

蓮の花言葉は「清らかな心」。どうぞ皆さんも、ご自分の人生を精いっぱい生きられて、清らかな花を咲かせてください。

なぜ祈るのか

　皆さんが法事に参列された時、お坊さんが台に経文を置き、その頁を繰りながらお経を読んでいる姿というのは、きっと何度もご覧になったことがおありでしょう。ほぼすべての僧侶が、経文を広げて、そこにある文字を目で追わなくても、お経を諳（そら）んじることができますが、それでも僧侶は必ず経文を台に置いて広げて、その文字を読み続けます。それは、そこに書いてある文字自体に功徳があって、それを見て読むということも、祈りの一つだからです。

　従来の仏教では、「言語・文字は真如実相（真理）を表現し得ない」としていましたが、弘法大師空海は、その書の中で、「書物の中に書かれている文字を読むことにも意味がある。言葉と文字は仏様の御心を表現するものでそれを声を出して読むことに意味がある」という意味のことを書いています。「声に出して読む字が実相＝真理である」と主張するこれを、「声字実相義（しょうじじっそうぎ）」と言います。

　僧侶にとっては、経文を掲げて一礼をし、それを広げて台に置き、そこにある文字を目で追って読み始める、といった一連の行為が〝祈りの世界〟に集中するためのルーティンのようにもなっています。弘法大師は、文字を音読することにも実相＝真理がある、と説いています。文字に意味があり、言葉の中に真実がある――。そういう敬虔な気持ちで、文字を目で追い、声に出して読んでお経を唱えます。

その祈りの世界で大前提となるのは、「利他」すなわち「他人のためになるように祈る」ということです。ご近所の人や国の人、そこにいるすべての人々が、平和で幸せに暮らせるような、争いごとのない安寧な世の中であるようにと願うこと。それが私たちの祈りの大前提であり、最終目標でもあります。

けれど現実には、幸せや安寧どころか、突発的な不慮の事故や突然起きた災害などによって、人の命が、儚くあっけなく失われることがあります。「なぜうちが……」「なぜあの人が……」と、割り切れない、理解し難いような事態に遭遇させられてしまいます。

自然災害が起きた時にも、私たちは一心不乱に祈ります。そこには、「被災者の方々が、一日も早く、安定した生活を取り戻せますように」という祈りももちろんありますが、同時に、大自然という目には見えない力、人間が抗うことのできない、どうしようもなく大きな力に対して、畏敬の念を捧げます。

科学の発展によって、自然というものがどんどん解明されて、新たな発明が生み出されることによって私たちの暮らしも便利になってきました。しかし世の中の理のすべてが解明されているわけではなく、まだわからない現象のほうがはるかに多いでしょう。

「自然もコントロールできる」という考え方は、人間たちの錯覚であり、傲慢と言えるでしょう。

自然の中には、人間の力ではどうすることもできないような、怖ろしい規模の災害をもたらす力があります。だからこそ自然は、古来から信仰の対象になってきました。そんな自然がもたらした災害に対しても、「これも受け止めなければならない」と、自然に対する畏敬の念をこめながら、手を合わせて祈ります。

仏教では、人生の苦しみを四つに分けた『四苦』と、さらにそれに四つの苦しみを加えた『八苦』があると説いています。四苦とは、生苦（生きる苦しみ）、老苦（老いの苦しみ）、病苦（病む苦しみ）、死苦（死の苦しみ）であり、八苦とは、愛別離苦（愛する人や物と別れる苦しみ）、怨憎会苦（会いたくない人や物と会わなければならない苦しみ）、求不得苦（求めるものが得られない苦しみ）、五陰盛苦（肉体あるがゆえの苦しみ）です。

災害や事故で大事な人の命を失った時、人は誰しも悲しみや苦しみに沈みます。「なぜあの人が……」と割り切れない、受け入れ難い気持ちにもなります。精神的に落ち込み、そこから立ち直るのに長い時間がかかります。その時に支えてくれるのが〝祈り〟ではないかと私は思います。

まず祈り、そして祈りながら、なぜこんなことが起きたのか、なぜこんな苦しみにあわなければならないのか、と考えます。考えてもなかなか答えは出ませんが、やがて、「命とはもともと儚いものなのだ」という境地になっていき、大切な人のいない現実を受け入れるようになります。そして次第に、「また明日から生きていこう」という気持ちになっていきます。その時その人は、大切な人の死という「苦」を乗り越えて、人として成長した、と仏様は説いておられます。

自分に課せられた苦を、そのように受け入れられるようになると、気持ちが一段上に上がる。そこからさらに進んで、今度は、四苦八苦に苦しむ他者のことを思うようになる。そうなると、心の訓練や修行の上では、さらにまた一段、上の段階に上がることになる――。それが、お釈迦様や弘法大師様の教えであり、仏教の教えなのです。

この世に生まれて来て、生きているということは、常に四苦八苦があるもので、そこからは誰も逃れることはできません。だからこそそういった四苦八苦を受け入れられるように工夫してみなさい。「どうせ苦しい人生なんだから」と投げやりにならず、「これも生きている命、生かされている命だからこそ起こること」と前向きに考えなさい。一時は悲しかったり苦しかったりしても、明るい方向に進んで行きなさい。そして自分が苦しさを乗り越えられた時には、今度は、人のために泣き、人のために何かをしてあげなさい。その一つ一つがあなたの心の肥やしとなり、あなたを人間として成長させてくれます。そしてそのすべての過程に、祈りというものが介在します。だから、祈り続けなさい――。私は御仏の教えを、そのように理解しています。

〈般若心経〉の最後の方には、皆さんもご存じの、「羯諦羯諦波羅羯諦波羅僧羯諦（ギャーテーギャーテーハラーギャーテーハラソウギャーテー）」という一文が出てきます。これはサンスクリット語をそのまま音読したもので、「羯」は「行きなさい」、「諦」は「悟りの世界」と言う意で、「羯諦 羯諦 波羅羯諦」とは、一般的には「行きなさい、行きなさい、彼岸へ行きなさい」と訳されていますが、私はそこに〝一緒に〟という意味を付け加えて考えています。

お寺や僧侶任せではなく、あなた方にも一緒にお経を唱えて祈ってみませんか。そして我々と手をつないで、みんなで共に悟りの世界へと参りましょう――。そのような解釈をしている、ということです。

仁和寺にお見えになった方は、日本人、外国人を問わず、皆さん、伽藍やお堂の前で手を合わせておられます。中にはキリスト教をはじめ、仏教ではない他の宗教の信者の方もいらっしゃるでしょうが、どなたも観音像や仏堂の前で、目を閉じて頭を垂れ手を合わせられています。

そうした皆さんが、ご自宅に戻られた後でも、何かの折につけ、仁和寺で祈られたように祈るようになられると、私たちにとって、こんなうれしいことはありません。僧侶たちは、皆さんの代わりに祈っているわけですが、できたらすべての皆さんに毎日お祈りをしていただきたいのです。「般若心経」をすべて唱えよ、などとは申しません。「羯諦羯諦　波羅羯諦　波羅僧羯諦」だけでも構いませんから、手を合わせて唱えてみてください。あなたが合掌して祈ったその時、あなたの魂は、遠く京都の仁和寺の中にあります。

あとがき

尊い釈尊の教えの中でも、私が大切なもののひとつとして考えているのは「四苦八苦」です。四苦とは、生・老・病・死の四つの苦しみを指します。

私の父は、私が小学四年生の時に突然倒れ、四肢麻痺となりました。いくつもの病院で看ていただきましたが、四肢麻痺の原因はわからないままで、寝たきりの生活が一六年続きました。自力では起き上がれない父にとって、「生きる」ということは、横たわったまま介護を受け続けることでした。そして病のまま老いていき、父は六二歳で亡くなりました。一六年に及ぶその闘病生活は、常に、生・老・病・死の「四苦」に囲まれていたようなものでした。

この世に生を受け生きて行くということは、四苦八苦という人生の苦しみを体験しながら進むことである――。目を瞑（つむ）って横たわる父の姿は、そんなお釈迦様の教えを体現しているようにも思えました。

二四歳という若さで寺の跡を継ぎ住職となった私に、父はよく病床から、「お前は賢くて度胸のある人と結婚しなさい」と言っていました。父の死から一年後、ご縁をいただいて、私はのちに妻となる政子と知り合い、結婚いたしました。

人生の出会いを受け止めて前に進むのは、その人の決断であります。妻政子が志していたオペラの世界を諦めて寺に嫁いでくれた決断は、私の人生に大きな力となり、常に心の内で感謝しております。私が仁和寺の宗会議員から執行長、宗務総長といった重責を担うようになり、愛媛の寺を離れるようになっても、政子は寺の運営をやり遂げ、寺を、家を、守り続けてくれました。

人生は一人では生きていけない、すべての人々の恩により生かされていることを、家庭においても実感いたしました。自らの病を通して、身をもって「四苦八苦」を教えてくれた父。父亡き後、自らも僧籍を取得し、実家の寺を支え続けてくれた妻。この二人がいなければ、私は仁和寺でのお勤めを果たすことはできなかったでしょう。

私が仁和寺執行長、真言宗御室派宗務総長を拝命する一年ほど前から、重要文化財である観音堂の修理計画が始まりました。その修復工事は六年に及び、平成三〇年(二〇一八年)に完成いたしましたが、それは私の宗務総長の任期満了の時期とも重なり、完成後、私は、宗団の皆様からのご推挙を賜り、第五十一世門跡に就任することとなりました。

私が執行長の職に就いた時に、観音堂修理計画が始まり、そしてその工事が完成した後に、門跡という重責を担うことになったわけですが、適性や能力からすれば、私より適任の方もいらしたかと思います。私がこの大切な時期に門跡となり、無事、観音堂の修理を終えることができたのは、ひとえに皆様のおかげであり、この時期での出会いという深いご縁で結ばれたものなのだと思います。

弘法大師様の書かれた『即身成仏義』という書の中に〝重々帝網〟という言葉があります。これは、帝釈天の宮殿を飾る輝く網のことを指しています。網の結び目は宝珠になっていて、その輝きは互いを照らし映し合っており、それが私たちのいるこの世界、ということです。

網の結び目の宝珠は、私たち一人ひとりを表わしています。縁なしに存在するものはなく、縁のないまま消滅するものもありません。個々別々のように見えても、すべては網の目のようにつながっていて、互いに生かし生かされ合っている。それが〝重々帝網〟という言葉の意味するところです。

私が執行長の時代に観音堂の修復計画が始まったのも、そしてその完成後、第五十一世門跡に就任させていただいたのも、すべてはご縁があってつながったもので、そのご縁によって私は生かされている。それがすなわち〝重々帝網〟である――。私はこのような解釈をしています。

観音堂の修復を手掛けられた職人さんたち。仁和寺のあらゆる国宝をデジタル撮影してくださった京都大学大学院の井手亜里名誉教授や研究室の皆さん。日々、庭園を整備してくださる庭師の人々。そういったすべての方が、仁和寺を輝かせ、守り、そして助けてくださっています。どなたの力が欠けても、現在の仁和寺はありません。これぞまさに〝重々帝網〟でありましょう。

人は一人では生きられません。誰もが皆、誰かの力を借りて、誰かに支えられて、四苦八苦を背負いながら懸命に生きています。だからこそ、感謝の心が求められるのです。感謝の心があるところに道は開けます。四苦八苦の苦しみも、いつか必ず、「あのような経験をしてよかった」と思える時期がやって来ます。

「生きる」とは、感謝の心をもとに、人間や自然を思いやる優しさや慈悲心である――。仁和寺開祖であられる宇多天皇はそう申され、祈りを捧げました。それは今も脈々と仁和寺に流れており、私も、与えられたこの小さな命を、少しでも人のために役立てることはないかと御仏に祈りを捧げ、日々思索を続けています。

この本は、一一〇〇年以上の歴史と格式をもつ仁和寺の素晴らしさを次世代に伝えるために書きました。御所の紫宸殿だった国宝「金堂」をはじめ仁和寺の建造物の多くは、国宝や重要文化財に指定されております。また国宝「阿弥陀三尊像」や歴代の天皇の宸翰など、仁和寺に収められた宝物は大変貴重なものばかりで、日本の歴史そのものと言っても過言ではありません。それが今日まで整然と美しい形で残されてきたのは、ひとえに仁和寺にご縁のあった方々の努力の結晶であり、その継続なのです。私たちも次世代のためにこのご縁を守り続け、未来永劫にこの仁和寺の素晴らしさを伝えていきたいと思っております。

また仁和寺は皇室とのゆかりも大変深い寺院であります。明治以前までは皇族出身者を門跡と仰ぐ門跡寺院であり、明治以降にも皇室とのご縁の深さは変わらず、現在に続いております。

現在の皇室とのご縁をつつがなく取り計らい、この本にも重要な示唆をいただきました元高松宮家宮務官・佐藤進氏には深く感謝し、改めて御礼申し上げます。

常日頃から仁和寺を訪れる方々から、素晴らしい仁和寺に〝寄り添える本〟を……との声がありました。発刊に心動かされたのは、仁和寺を愛する皆様の温かいお心があったからこそと、すべての人々に感謝申し上げます。

最後に、この本を刊行するにあたり、美しいデザインをしていただいた宮坂 淳氏、編集にご協力をいただいた集英社学芸編集部次長・佐藤絵利氏、小谷野浩一氏に感謝申し上げます。

弘法大師の〝重々帝網〟のお言葉通り、あなたと仁和寺とはつながっています。

あなたが日々懸命に生きているように、仁和寺も一一三〇年を超えて日々、歴史を生き続けています。

そのご縁がつながって、いつかあなたが仁和寺にお越しになる日を、心よりお待ち申し上げております。

令和元年一二月

総本山仁和寺第五十一世門跡　瀬川大秀

［著者略歴］

総本山仁和寺第五十一世門跡

瀬川大秀（せがわたいしゅう）

一九四七年生まれ。高野山大学文学部卒業。真言宗御室派の愛媛宗務支所長、宗会議員などを歴任し、二〇一〇年五月、総本山仁和寺執行長・真言宗御室派宗務総長に就任して二期八年務める。二〇一八年六月二三日に総本山仁和寺門跡・真言宗御室派管長に就任した。愛媛県西条市の王至森寺名誉住職。「G20諸宗教フォーラム２０１９」では会長を務めた。二〇二〇年一月の後七日御修法で、今上天皇の御衣へ初の加持を行う大阿闍梨を務める。

写真　総本山仁和寺提供
　　　別所隆弘（P96〜97、P98下段、P99）

ブックデザイン　宮坂 淳（snowfall inc.）

令和に守り伝えたい 仁和寺の祈り

令和元年一二月三一日　第一刷発行

著　者　瀬川大秀
発行者　茨木政彦
発行所　株式会社 集英社
〒一〇一―八〇五〇　東京都千代田区一ツ橋 二―五―一〇
［編集部］〇三―三二三〇―六〇六八
［読者係］〇三―三二三〇―六〇八〇
［販売部］〇三―三二三〇―六三九三（書店専用）
印刷所　大日本印刷株式会社
製本所　加藤製本株式会社

 ISBN978-4-08-786123-5　C0095